Lou Bihl

Putin im Wartezimmer

Politischer (Arzt-) Roman

mit Illustrationen von Daniel Horowitz

UNKEN

Bei *Putin im Wartezimmer* sind sämtliche Gruppenmit-
glieder frei erfunden; Ähnlichkeiten mit realen Personen
sind Zufall.
Die diskutierten politischen Ereignisse sind hingegen
faktentreu recherchiert und lassen sich anhand des
Quellenverzeichnisses nachvollziehen.

Impressum
Erste Auflage 2023
Umschlag und Illustrationen: Daniel Horowitz, Paris
Lektorat: Dr. Felicitas Igel
Korrektorat: Eva Wagner
Satz: fotosatz griesheim GmbH
Gesetzt aus PT Serif
Druck und Verarbeitung: CPI books GmbH, Leck
Printed in Germany
ISBN 978-3-949286-09-4
www.unken-verlag.de

Zitat

Das Bild ist nicht das Abgebildete, der Name nicht das Benannte, eine Erklärung der Wirklichkeit nur eine Erklärung und nicht die Wirklichkeit selbst.

Paul Watzlawick

3. März

Putins Psyche

Wen kümmert gesundes Essen, wenn Krieg ist? Die Ukrainer sind froh, wenn sie Suppe kriegen – und wir lernen Kalorien sparen. Das verdirbt mir die Lust auf *gesunde Ernährung und bewusste Lebensführung*, obwohl Frau Doktors Kurs super ist und ich ihn nicht schwänzen will. Als Mitarbeiterin kriege ich die zehn Kursstunden umsonst; das binde ich den anderen nicht auf die Nase, die müssen pro Sitzung zehn Euro zahlen und den Coronatest.

Auch beim zweiten Treffen sitzen wir uns im Wartezimmer gegenüber, rechts die drei Alten, links wir Jungen; von denen bin ich mit zweiundzwanzig die Älteste. Die zwei anderen kommen mir manchmal vor wie frühreife Kita-Kids. Die Oldies verraten ihr Alter nicht, aber ich schätze sie zwischen sechzig und siebzig plus. Die Maske macht ältere Menschen jünger, weil sie die Falten verbirgt und die Mundwinkel verdeckt, die im Alter nach unten wandern. Mit den Coronaregeln ist Frau Doktor streng, aber zum Essen oder Teetrinken dürfen wir die Maske kurz abnehmen, wir sind natürlich geimpft und frisch getestet.

Obwohl wir auf Abstand sitzen, ist das Wartezimmer mit sechs Leuten voller als sonst mit zehn, weil wir alle einen BMI um die dreißig mit uns rumschleppen. Bis auf den Professor. Der hat keine Adipositas, so nennen die Ärzte das, wenn man fett ist. Herr Wissmer ist einfach stattlich, wie man auf Deutsch bei Männern sagt, das klingt wenigstens kernig; da denkt nicht gleich jeder an weiches Wabbelfleisch wie bei uns Frauen. Die nennt man ja mollig oder füllig, wenn sie nicht aussehen wie Claudia Schiffer. Der stattliche Professor hatte an der Uni nie Zeit und keinen Kopf für gesundes Essen, das holt er jetzt als Rentner nach.

Heute hat uns die leitende Arzthelferin um Geduld gebeten, Frau Doktor ist noch mit einem Notfall zugange; in eine Hausarztpraxis kommt ja jeder, der glaubt, ausgerechnet seine Krankheit wäre dringend. Für die Wartezeit hat die Benz schon mal was zum Knabbern gebracht. Die Chefin spendiert für jeden Kurs irgendwas Gesundes, dieses Mal Weizenkleiekekse, die sind besonders ballaststoffreich und schmecken wie Holzwolle. Zu trinken gibt es Hagebuttentee mit Stevia-Süßstoff.

Als Corona anfing, hat Frau Doktor die Zeitschriften im Wartezimmer abgeschafft, weil man Papier nicht desinfizieren kann und viele Leute die Seiten mit ange- leckten Fingern umblättern. Stattdessen hat sie drei Fernseher mit Kopfhörern gekauft.

Stumm flimmern die Bilder aus der Ukraine über zwei Flachbildschirme. Tonlos rollen Putins Panzer durch den Matsch.

Professor Wissmer fragt Frau Glueck nach ihrem »werten Befinden in diesen schweren Tagen«. Letztes Mal hat er behauptet, seit er sie vor ein paar Wochen in der Praxis gesehen hätte, sei sie schlanker geworden. Damit hat er sie zum Strahlen gebracht wie ein Schulmädchen, dem man sagt, es wäre gewachsen. Zugegeben, bei der Glueck verteilt sich der Speck günstig: Busen wie Dolly Parton und zweimal Jennifer Lopez' Arsch – aber trotzdem Taille.

Die Glueck fängt an, mit den Wimpern zu klimpern. Sie ist geschieden und Gemeinschaftskunde-Lehrerin an einer Realschule; das ist wohl so stressig, dass sie immer Nervennahrung braucht. »Diesmal kann ich keinen Erfolg vermelden«, sagt sie mit todernstem Gesicht. »Der Ukrainekrieg ist so furchtbar, da musste ich mich mit Essen beruhigen.«

»Schön, dass Sie so empathisch sind«, sülzt der Wissmer. Oldies beim Anbaggern sind irgendwie süß.

Durch das Bild im Fernseher humpelt eine zahnlose Oma, schrumpelig wie ein hundert Jahre alter Apfel. Sie hält ein weinendes Mädchen mit Zöpfen hoch. Augen und Mund hat die Kleine weit aufgerissen, und ihr stumm geschalteter Schrei geht mir mehr unter die Haut als hörbares Brüllen. Das schrillt auch ohne Ton in meinem Kopf, und mir wird ganz schlecht. »Scheiße«, platzt es aus mir heraus, und alle glotzen wie Kühe, wenn ein Schäferhund bellt. Sonst sage ich nie viel. Die Glueck hat mich in der ersten Sitzung gefragt, warum ich mich so wenig einbringe. Ich habe ihr geantwortet, wir wären schließlich nicht bei den Anonymen Alkoholikern, wo sich jeder in der Gruppe *als Person* nackt zeigen muss. Wir machen hier einen Kurs, wo man was lernt, und zwar durch Zuhören. Danach haben sie mich in Ruhe gelassen. Meine Story geht keinen was an.

Die Glueck macht ein betroffenes Gesicht und nickt mir zu. »Ich kann Ihre Emotionen sehr gut nachempfinden.«

Das glaube ich kaum, schließlich hat sie nie einen Krieg erlebt oder zerschossene Leichen gesehen. Frau Glueck ist so eine ganz Liebe, die es allen recht machen will und sich richtig Mühe gibt mit anderen Menschen. Hauptsächlich mit den Jungen, vielleicht, weil sie selbst keine Kinder hat. Zu Kevin und mir ist sie meistens mütterlich, nur Kira kann sie nicht so gut leiden.

»Ich auch«, sagt der Wissmer, aber dabei schaut er die Glueck an – nicht etwa mich mit meinen Emotionen. Auch der Prof kennt den Krieg höchstens aus seinen Geschichtsbüchern.

Kira hat heute noch keine Aufmerksamkeit gekriegt, das kann sie nicht ab. Mit neunzehn Jahren steht sie kurz vor dem Abi, und das macht sie sicher mit lauter

Einsen. Trotz ihrer weizenfarbenen Haare und des blauäugigen Barbiepuppengesichts ist sie im Kopf nämlich gar nicht Blondine. Wenn man nur ihren Oberkörper sieht, glaubt man nicht, dass sie knapp achtzig Kilo wiegt. Im Stehen wirkt Kiras Body wie zwei falsch zusammengesetzte Lego-Teile: oben Rennpferd, unten Brauereigaul. Komischerweise macht sie immer auf Konkurrenz mit der Glueck, wenn es um die Beachtung vom Professor geht.

»Man muss das psychologisch betrachten«, sagt Kira und klingt wie ein altkluges Kind, das die Redeweise von seiner Oma nachahmt. »Warum tut Putin das? Welche Motive leiten ihn? Wir müssen uns fragen: cui bono?«

Kevin hebt den Kopf. Er ist zwanzig und hat die Schule vor dem Abi geschmissen, um Profiboxer zu werden. Irgendwann hat ihm jemand bei einer Kneipenschlägerei so vors Knie getreten, dass er monatelang nicht trainieren konnte, da fing das an mit dem Frustfressen. Dann kam Corona, wieder kein Training, und das Fressen ging weiter. Kevin ist schon lange Patient in unserer Praxis, früher war sein Sportlerbody echt geil, jetzt sieht er aus wie ein Sumoringer und hat Titten wie ein Mädchen. Kevin ist Computer- und Waffenfreak, aber bei der Bundeswehr wollten sie ihn nicht, denen war er nicht fit genug. Nun programmiert er Ballerspiele für Kids. Für Zahlen und Daten hat er ein Gedächtnis wie eine Vier-Terabyte-Festplatte. Kevin ist so ein Typ mit dem IQ eines Hochbegabten, aber in Sachen sozialer Intelligenz manchmal grenzdebil. Ich mag ihn, er hat mir öfter mit meinem Laptop geholfen und ein paar Hackertricks gezeigt.

Kevin steht auf Kira; aber die steht nicht auf ihn.

Er dreht sich zu ihr und beugt sich vor. »Cui bono – meinst du den Bono von U2? Die hat meine Mom immer gehört, die singen auch über den Krieg.«

Kira verdreht die Augen und rückt mit ihrem Stuhl weg. »Du bist so ein Banause! ›Cui bono‹ ist lateinisch und heißt: ›wem zum Vorteil?‹«

Ich weiß nicht genau, was ein Banause ist, aber es klingt voll nach Schimpfwort. Bei Kevin ist das wohl angekommen. Der ist dermaßen sauer, dass sein Gesicht erst auseinanderfällt und die Augen dann ganz schmal werden. Er ballt die Fäuste und schaut auf seine Füße in den klobigen Camouflage-Sneakern. Keiner sagt was. Vor Verlegenheit starren wir auf die Fernseher.

Auf dem Bildschirm erscheint Putin. Sein Gesicht ist aufgequollen wie bei manchen Patienten, denen Frau Doktor Kortison verschreibt. Seine Augen sind wie das Trockeneis aus dem Labor. Bisher dachte ich, den kältesten Blick der Welt hätte Mads Mikkelsen. Aber gegen Putin schaut der fiese Le Chiffre den James Bond richtig lieb an beim Poker in *Casino Royale*. Putin kriegt das Pokerface allerdings nicht ganz hin, um den Mund und die Augenbrauen sieht man winzige Zuckungen, als hätte er seine Gesichtsmuskeln nicht im Griff.

Schließlich beendet der Wissmer die Stille. »Mit der Psychologie haben Sie zweifellos recht, aber Sie unterstellen damit eine rationale Kosten-Nutzen-Analyse des Handelnden. Man möchte gerne glauben, dass unsere Staatenlenker stets einer zielorientierten und langfristigen Strategie folgen. Doch als Historiker muss ich Ihnen sagen, dass wir die strategische Qualität politischer Entscheidungsträger oft überschätzen. Zweifellos war Putin früher ein glänzender Stratege. Doch beim Ukraine-Krieg kann ich in seiner Vorgehensweise derzeit keinen nachhaltigen Nutzen für ihn und sein Land erkennen, also nichts, worauf ›cui bono‹ zuträfe.«

Kira nickt verständig. Bevor sie antworten kann, geht Frau Luxner dazwischen. »Ich bin auch ein Fan von Bono. Doch der singt gar nicht über Putin, sondern über Schottland.«

Sie ist die Älteste von uns und sagt oft zweimal dasselbe oder das Falsche im falschen Moment, manchmal aber auch megaschlaue Sachen. Über ihren früheren Beruf hat sie uns nichts erzählt und nur gemurmelt, sie wäre jetzt Rentnerin. Ich weiß nicht, warum Frau Doktor sie in die Gruppe genommen hat, wahrscheinlich war das ihr gutes Herz, die alte Frau ist nämlich total einsam, seit ihre Tochter ausgewandert ist. Dabei hatten die beiden dauernd Zoff. Ich kannte Leonie und habe nicht verstanden, dass sie ihrer Mutter so gar nicht dankbar war, obwohl die immer für sie gesorgt hat. Jetzt kann sich Frau Luxner an nichts mehr freuen – außer am Essen. Ich denke mal, dass sie vielleicht so zunimmt, weil sie vergisst, was sie alles schon gegessen hat.

»Quatsch, Bono ist doch Ire«, sagt die Musterschülerin, und Frau Luxner schaut ratlos, als hätte sie sich verlaufen.

»Sie haben ganz recht, Frau Luxner«, geht Kevin dazwischen und wirft Kira einen giftigen Blick zu. »U2 singt nicht über Putin.«

Frau Luxner strahlt. Kira schmollt. Und ich denke: Donnerwetter, vielleicht hat der Kleine ja endlich was geschnallt.

Frau Glueck klimpert wieder den Professor an. Blaue Wimperntusche. Und das in ihrem Alter. »Sie müssen das näher erläutern«, sagt sie. »Was meinen Sie mit der strategischen Qualität politischer Entscheidungsträger? Ich glaube, das haben wir nicht ganz verstanden.«

Dabei guckt sie mich an, als wäre ich diejenige, die am wenigsten rafft, dabei ist ihr eigenes Hirn von irgendwelchen Verliebtheits-Hormonen verdrogt. Ich mag Frau Glueck eigentlich, aber das will ich nicht auf mir sitzen lassen.

»Ich finde schon, dass man das verstehen kann«, widerspreche ich, und alle schauen mich an, als hätte ich gerülpst. »Das einfache Volk glaubt, jeder Politiker hätte Ideale oder wenigstens Ideen – und natürlich immer ein Ziel, um die Welt besser zu machen. Um dahin zu kommen, muss er herauskriegen, wer oder was ihm dabei hilft – und er muss alles aus dem Weg schaffen, was ihm dazwischenfunkt. Man denkt, der Politiker könnte die gegnerischen Züge im Voraus kalkulieren, wie ein superguter Schachspieler. Und er würde sich vorher überlegen, wie er auf jeden möglichen Zug am besten reagiert. Das nennt man Strategie. Aber viele, die Schach spielen, sind halt nicht super, und manche können sogar nur bis zum nächsten Zug denken, besonders, wenn sie Stress kriegen. Die machen dann einfach irgendwas, das ihnen für ein paar Züge den Kopf rettet – und das Ziel ist blöderweise oft einfach nur Macht. Das nennt man dann Taktik. Manchmal klappt das; aber wenn der andere besser strategisch denken kann, ist man matt.«

Ich weiß, wovon ich rede. Im Auffanglager haben wir viel Schach gespielt, wenn uns langweilig war. Also oft. Das war besser als dauerndes Essen, damit habe ich angefangen, weil es so schön war, nicht mehr zu hungern, und dann konnte ich nicht mehr aufhören.

Der Professor setzt sich gerade und zieht die borstigen Brauen hoch. »Chapeau, Amira! Ich muss schon sagen, das war eine ziemlich gute Interpretation dessen, was ich meinte.«

Mir wird warm; *Chapeau* klingt nach Kompliment.

Kira gönnt mir das nicht. »Also, ich finde diese Metapher recht simpel gestrickt, und treffend ist sie auch nicht. Nicht umsonst waren Russen oft Schachweltmeister. Wladimir Putin ist ein brillanter Stratege, der schon immer die Schwächen seiner Gegner richtig eingeschätzt hat und ...«

Jetzt haut die Glueck rein. »Eben nicht, junge Dame! Putin dachte, der Westen wäre zu schwach und uneinig, um sich zu wehren. Nur dass er sich dieses Mal gründlich verkalkuliert. Er hat die Bodenhaftung verloren; das passiert Menschen, die so lange eine unangefochtene Machtstellung innehaben, dass ihnen niemand mehr ernsthaft widerspricht. Putin hat sein Umfeld jahrelang so terrorisiert, dass sich keiner mehr traut, ihm die Wahrheit zu sagen. Ein fehlendes Korrektiv kann irgendwann zu einem geschlossenen Wahnsystem führen, das undurchdringlich wird – und zwar für sämtliche Menschen, die den Wahn nicht bedingungslos teilen, und für jegliche Argumente.«

»Prinzipiell schon ...«, sagt der Professor, aber die Glueck spricht einfach weiter: »Allerdings glaube ich, trotz der Schrecklichkeit dieses Krieges gibt es auch positive Aspekte. Die EU war ein loser Haufen von Me-first-Egoisten und die NATO angeblich hirntot. Und nun stehen wir so stark zusammen wie noch nie.«

Alle nicken versonnen. Die zwei Frauen kauen Kekse, das klingt, als würden Karnickel ihre Karotten mümmeln.

Die Glueck setzt noch eins drauf. »Lasst uns noch mal auf die neue Einigkeit der westlichen Welt zurückkommen. Vielleicht brauchte der Westen diesen Weckruf. Warum hat man nicht früher verstanden, wie wichtig gemeinsame Werte sind?«

Lehrerinnenfrage. Kira holt Luft, aber Kevin ist schneller: »Die Amis waren so beschäftigt mit den Chinesen, dass sie Russland nicht mehr auf dem Zettel hatten. Und die EU war so beschäftigt mit sich selbst, dass sie Europa vergessen hat.«

»Sehr schön zusammengefasst«, lobt die Glueck. Kevin wächst ein Stück, und sie spricht weiter: »Und was hat sich durch den Krieg geändert?«

Mit einem Knall lässt Kira eine Kaugummiblase platzen. »Sind wir hier in der Schule, oder was?«, fragt sie. »Ist doch klar. Jetzt hat die Welt endlich begriffen, dass Russland und China eigentlich den Westen abschaffen wollen. Die demokratische Lebensform verachten beide als dekadent und ihrem autokratischen System unterlegen. Deshalb wollen sie die Welt aufteilen – zwischen dem Reich der Mitte und dem Universum Putistan.«

Alle grinsen. »Nicht schlecht«, sagt der Professor, »aber da fehlt noch eine *Modi*fikation.«

Ich muss lachen, weil Kira das nicht kapiert, und auch sonst niemand. Außer mir, ich habe gestern nämlich einen Film über Indien gesehen.

»Wieso lachst du so?«, giftet Kira mich an.

»Du bist ein bisschen slow«, antworte ich ganz cool. »Schon mal was von Narendra Modi gehört?«

»Narendra Damodardas Modi«, verbessert mich die Glueck. »Der geht mit den Menschenrechten von Nicht-Hindus auch nicht viel besser um als Putin mit seinen Kritikern.«

Das wusste ich schon. Aber Frau Luxner weiß was Neues. »Putin ist schon fast siebzig. Vielleicht hat er ja Alzheimer.«

Erst mal geht keiner auf Frau Luxner ein; sie schaut wieder wie bestellt und nicht abgeholt. Das kenne ich, ist ein Scheißgefühl. Dann sagt Kira leise zu mir: »In Sachen Alzheimer ist die Luxner wohl Expertin.«

Das war zwar nur geflüstert, aber die alte Frau hat es wohl doch gehört; sie schlägt sich beide Arme um die Schulten, als würde sie sich ganz in ihr Inneres zurück-ziehen, wo ihr keiner was tun kann.

»Halt deine Kotzklappe, Kira«, zischt Kevin und dreht sich zu Frau Luxner. »Das ist aber eine spannende Idee!«

Da legt sie die Hände wieder in den Schoß, und in ihrem Gesicht geht die Sonne auf.

»Finde ich prinzipiell auch, Frau Luxner«, springt ihm der Professor bei. »Es würde nämlich dazu passen, dass Putin die Bodenhaftung verloren hat, wie Frau Glueck eben treffend bemerkte. Doch wenn man es his-torisch betrachtet, kann man seit seinem Amtsantritt im Jahr 2000 nahtlos nachvollziehen, dass er einen Eskalationsschritt nach dem anderen geplant und durchgezogen hat. Im Prinzip hätte man es wissen müssen ...«

Mir geht das auf den Geist, wenn jemand »im Prinzip« sagt – und dann behauptet, alles hätte schon längst klar sein müssen, aber ›man‹ wäre mal wieder zu doof gewesen. Irgendwer hat das neulich ›rückblickende Rechthaberei‹ genannt. »Sorry, Herr Professor«, halte ich dagegen, »aber am Anfang konnte man das überhaupt nicht ahnen. Im Kolleg haben wir das Protokoll von Putins Rede 2001 im Bundestag durchgenommen. Am 25. September hat Putin damals gesagt: *Wichtig ist, zu begreifen, dass Untaten politischen Zielen nicht dienen können, wie gut diese Ziele auch sein mögen.* Das haben ihm damals alle Zuhörer geglaubt und waren ganz gerührt.«

Bis auf den Wissmer sehen mich die anderen an, als hätten sie gerade was gelernt. Manchmal macht mir Widersprechen richtig Spaß. Der Professor lacht, aber unlustig. »Stimmt. Und über dem stehenden Applaus hat man dann überhört, als er anfügte, *dass Gegenschläge den vollständigen, zielstrebigen und gut koordinierten Kampf gegen den Terrorismus nicht ersetzen können.*«

Die Glueck hat mal Psychologie studiert und gibt uns da gerne Nachhilfe. »Die Interpretation von Redetexten hängt immer von den Erwartungen des Auditoriums ab.

Das ist ein bisschen so wie im Rorschach-Test. Der Proband bekommt abstrakte Bilder vorgelegt und muss frei assoziieren, was er darin zu sehen meint. Das gibt Aufschluss über sein Unbewusstes und darüber, wonach er sich sehnt oder wovor er sich ängstigt. Im Jahre 2001 wünschte sich die Welt, dass es nie wieder einen Kalten Krieg gibt und nach 9/11 ein Leben ohne Terrorismus. Also hat man Putins Rede als Friedensbekenntnis gedeutet. Psychologisch verständlich, aber, wie Herr Professor Wissmer richtig anmerkte, eine Fehlinterpretation.«

So ähnlich ging es mir damals in der Traumatherapie, da mussten wir diesen Test auch machen. Manche sahen immer Sex, andere immer Gewalt, Hungrige immer Nahrungsmittel. Ich selbst erkannte am Anfang Grillfood, später nur noch Krieg. Die Bilder waren wie Wolkengucken: Was für den einen aussieht wie ein Elefant mit Rüssel, ist für den Nächsten ein Panzer mit Zielfernrohr. Ich drehe mich zu Frau Glueck. »In den Rorschach-Test kann sich jeder etwas reindenken, weil die schwarzen Tintenkleckszeichnungen nie eindeutig sind«, sage ich, und die Glueck sieht mich ganz erstaunt an, als könnte sie sich nicht vorstellen, dass eine Putzfrau so einen komplizierten Test kennt. Ich rede weiter: »Aber als Putin über den Kampf gegen den Terrorismus sprach, war nichts zweideutig. Es ging glasklar um die Attentate von 9/11. Und damit hatte er schließlich recht.«

»Stimmt, Amira, aber nur teilweise«, sagt der Professor. »Putin hat das 9/11-Attentat als Aufhänger benutzt, indem er sagte, natürlich müsse das Böse bestraft werden, da sei er ›mit dem amerikanischen Präsidenten einverstanden‹. Wie wir alle wissen, hat Bush seinen Angriffskrieg gegen den Irak mit der Behauptung begründet, Saddam sei ein Terrorist, der Biowaffen besitze. Für Putin war Terrorismus stets die Rechtfertigung für sämtliche Übergriffe, beispielsweise den Tschetschenienkrieg, der zu diesem Zeitpunkt schon zwei Jahre im Gange war, und zwar unter seiner maßgeblichen Mitwirkung. Nach der Krimannexion hat er zuletzt in Syrien ungestraft das Überschreiten roter Linien geprobt. Terrorismus unterstellt er allen, die sich gegen ein ihm genehmes System oder gegen dessen Machthaber stellen.«

Frau Glueck hält ihre Hagebuttenteetasse hoch, als wären die Worte vom Professor was zum Feiern. »Sie sagen es! Und dasselbe tut er nun in der Ukraine, indem er deren Regierung drogenabhängige Naziterroristen nennt.«

»Ganz genau!«, sagt der Professor. »Die Tatsache, dass er sich dieses Mal zu verrechnen scheint, bedeutet keinesfalls, dass er nicht eiskalt kalkuliert hat – und das noch immer tut.«

Mit dem rechten Zeigefinger, an dem er einen klotzigen Ring trägt, deutet Kevin auf den Professor. »Was denn nun? Sie widersprechen sich selbst. Schließlich haben *Sie* vorhin behauptet, Strategie würde bei Politikern überschätzt.«

»Ich weiß, was ich gesagt habe«, bellt der Wissmer zurück. »Und das bleibt richtig. Aber gerade Menschen, die langfristig einer starren Strategie folgen, werden oft unberechenbar, wenn sie von Unvorhergesehenem überrascht werden. Sie reagieren mit fehlender oder gar fehlerhafter Wahrnehmung, sobald etwas nicht in ihr Weltbild passt. Und dann werden sie noch gefährlicher, weil man sie nicht mehr einschätzen kann.«

Diese schlauen Menschen haben viel studiert und wenig erlebt, keinen Krieg und keinen Diktator. »Und die Welt schaut wieder mal tatenlos zu«, höre ich mich schimpfen. »Man lässt den Despoten ungestraft wüten, so lange, bis er sich so sicher ist, dass er jede Rücksicht aufgibt und nur noch reinhaut – während wir hier rumspekulieren, was er damit wollen könnte.«

Nun schauen sie mich betroffen an. Ich habe nie von Aleppo erzählt, und jetzt, nachdem mein früheres Heimatland gegen die UNO-Resolution gestimmt hat, werde ich das erst recht nicht tun. Also sage ich nur: »Das ist auch Psychologie!«

»Richtig, Amira!«, stimmt der Professor zu. »Jeder Historiker lernt im ersten Semester, dass die Mensch lielt noch nie aus der Geschichte gelernt hat, und die Psychologie spricht dagegen, dass sich das ändert.«

Jetzt ist nix mehr mit Wimpern klimpern bei Frau Glueck. Sie sagt schnippisch: »Herr Professor, Sie sind ein zynischer Misanthrop! Das haben Sie übrigens mit Putin gemeinsam.«

Der Wissmer öffnet den Mund, aber Frau Luxner ist schneller. »Der Putin ist übrigens Judoka. Und ich hatte auch mal einen schwarzen Gürtel.«

Die Tür geht auf, Frau Doktor kommt rein. Das wie im Konzert, wenn der Star auf die Bühne tritt. Sie ist viel hübscher ohne den schlabbrigen Kasack und die weißen Gesundheitssandalen, die sie zur Arbeit trägt. Wenn man sie von hinten sieht, denkt man, sie wäre ein Teenie – von vorne dann dreißig Jahre älter, aber man sieht nicht, dass es fast vierzig sind.

Sie begrüßt uns, und das Wartezimmer wird wärmer. Sonst fragt sie immer, wie wir mit der Ernährung zurechtkommen und ob jemand aus der Gruppe etwas berichten möchte. Niemand muss sein Gewicht sagen, die Chefin hat mir mal erklärt, dass man Menschen, die abnehmen wollen, nicht unter Druck setzen darf, sondern in ihrer Motivation bestärken soll.

Wenn Frau Doktor dabei ist, sind alle immer ganz lieb. Irgendwann hat sie zu mir gesagt: »Ich wünschte mir, mal Mäuschen zu spielen und zu hören, wie die Gruppe miteinander umgeht, wenn ich nicht anwesend bin.« Ich greife mir unauffällig in die Hosentasche und schalte das Mikro vom Handy ab. Kann sie haben, die

Chefin. Wenn Frau Doktor sich was wünscht, ist das für mich Befehl. Ich putze nämlich nicht nur ihre Praxis, ich bin auch ein Fan von ihr.

Putins Rede im Deutschen Bundestag 25.09.2001 (Auszüge)

... *Die Berliner Mauer existiert nicht mehr ... Ich bin mir sicher, dass großartige Veränderungen in Europa, in der ehemaligen Sowjetunion und in der Welt ohne bestimmte Voraussetzungen nicht möglich gewesen wären. Ich denke dabei an die Ereignisse, die in Russland vor zehn Jahren stattgefunden haben.*

Diese Ereignisse sind wichtig, um zu begreifen, was bei uns vor sich gegangen ist und was man von Russland in der Zukunft erwarten kann. Die Antwort ist eigentlich einfach: Unter der Wirkung der Entwicklungsgesetze der Informationsgesellschaft konnte die totalitäre stalinistische Ideologie den Ideen der Demokratie und der Freiheit nicht mehr gerecht werden. Der Geist dieser Ideen ergriff die überwiegende Mehrheit der russischen Bürger. Gerade die politische Entscheidung des russischen Volkes ermöglichte es der ehemaligen Führung der UdSSR, diejenigen Beschlüsse zu fassen, die letzten Endes zum Abriss der Berliner Mauer geführt haben. Gerade diese Entscheidung erweiterte mehrfach die Grenzen des europäischen Humanismus, sodass wir behaupten können, dass niemand Russland jemals wieder in die Vergangenheit zurückführen kann.

(Beifall)

Was die europäische Integration betrifft, so unterstützen wir nicht einfach nur diese Prozesse, sondern sehen sie mit Hoffnung. Wir tun das als ein Volk, das gute Lehren aus dem Kalten Krieg und aus der verderblichen Okkupationsideologie gezogen hat ... Ich bin der festen Meinung: In der heutigen sich schnell ändernden Welt, in der wahrhaft dramatische Wandlungen in Bezug auf die Demographie und ein ungewöhnlich großes Wirtschaftswachstum in einigen Weltregionen zu beobachten sind, ist auch Europa unmittelbar an der Weiterentwicklung des Verhältnisses zu Russland interessiert.

(Beifall)

... Russland ist ein freundlich gesinntes europäisches Land. Für unser Land, das ein Jahrhundert der Kriegskatastrophen durchgemacht hat, ist der stabile Frieden auf dem Kontinent das Hauptziel ...

Der Kalte Krieg ist vorbei ...

https://www.bundestag.de/parlament/geschichte/gast-redner/putin/putin_wort-244966

18. März

Morbus M.

Ich sehne mich in ein Trappistenkloster – keine Menschen mehr sehen und hören! Diagnose: akute Misanthropie, Morbus M., der mich früher selten befiel. Doch derzeit steigt dessen Häufigkeit wie die Coronainzidenz der vierten Welle; Resilienz und Geduld werden langsam knapp. Die einst unerschütterliche Überzeugung, Hausärztin sei mein Traumjob, gerät manchmal ins Wanken wie ein besoffener Seemann auf Landgang. Coronapandemie, Klimakrise und der Ukraine-Krieg haben einen schmerzhaften Prozess der Desillusionierung in Gang gesetzt und mein Menschenbild mancher Ideale beraubt.

Viele Patienten sind dankbar, aber einige meinen, Gesundheit stehe ihnen zu, auch wenn sie ihre eigene mit Füßen treten. Manche betrachten Ärzte als Reparaturdienstleister, ähnlich Automechanikern – nur mit dem Unterschied, dass man für die Wartung seines Wagens klaglos in die Tasche greift. Hingegen obliegt die Kostenübernahme für die Instandhaltung des Körpers ganz selbstverständlich der Krankenkasse.

Vielleicht hatte der ehemalige Lover nicht so unrecht, wie ich damals dachte, als er mir vorhielt, mein berufliches Engagement sei *energieökonomisch nicht verhältnismäßig*. Seine Worte habe ich noch im Ohr: »Altruismus bemisst sich auch nach seinem Wirkungsgrad im gesamten persönlichen Umfeld, also danach, wie viel nachhaltigen Unterschied dein Handeln ausmacht. Doch du fühlst dich für alles verantwortlich, worum sich sonst niemand kümmert. Du engagierst dich in Situationen und für Menschen, bei denen dein maximaler Einsatz insgesamt einen minimalen Effekt erzielt. Zum Beispiel bei Patienten, die das, was sie krank macht, gar nicht ändern wollen. Darüber kommt nicht nur die Zuwendung für nahestehende Menschen zu kurz, sondern vor allem die Energie, die für dich übrig bleibt. Und Selbstvernachlässigung macht auf Dauer auch den liebenswertesten Menschen schwer liebbar.«

Sprach's und war mein Ex-Lover.

Heute steht nach der Sprechstunde statt Trappistenkloster abermals *Sprechen* auf dem Programm: *Bewusste Ernährung und gesunde Lebensführung* – welch paradoxe Dekadenz in Zeiten des Krieges! In der Ukraine rennen Menschen um ihr Leben, hier doziere ich über die Heilkraft der Bewegung. Dort leiden Menschen in Trümmern unter Hunger und Durst. Hier liefere ich Beleibten die Waffen gegen den Wohlstandsspeck.

Abgesehen von der situativen Sinnkrise ist der Kurs jedoch ein Highlight im Praxisalltag. Ich mag meine generationenübergreifende Gruppe sehr verschiedener, aber durchweg besonderer Menschen. Ich habe sie mit Bedacht ausgewählt und ihnen den Kurs angeboten; mit Ausnahme von Herrn Kunz, der hat mich von sich aus angesprochen. Da er ein freundlicher Mensch ist, wollte ich nicht Nein sagen, zumal ich es nicht schlecht fand, die Altersstruktur der Gruppe durch einen Middle-Ager aufzubrechen. Über fast ein halbes Jahr werde ich die Truppe in variablen Zeitabständen begleiten und ihnen hoffentlich Impulse zu einer bewussteren Lebensführung geben. Darüber hinaus lässt mich bereits die erste Sitzung auf eine interessante Gruppendynamik hoffen.

Die Diskussionen um Putins Psyche und die Reaktionen der Beteiligten auf eine Krise, die uns mit dem Ende aller Gewissheiten konfrontiert, liefern Stoff für mein Buch – auch wenn ich nicht weiß, ob ich je dazu komme, es zu schreiben. Vielleicht ist mein alter Traum vom Schreiben nur ein virtueller Plan B, falls mir die Kraft für das hausärztliche Hamsterrad irgendwann ausgeht. Was ich zwar nicht für wahrscheinlich halte; doch mit hypothetischer Exitstrategie lässt sich Lästiges leichter ertragen, und durch die Verwandlung in Geschichten wird Bedrohliches besser verdaulich. Böse Geister vertreiben durch Schreiben? Der Titel stünde schon fest: *Putin im Wartezimmer.*

Mein kleines Geheimnis: In der ersten Sitzung steckte das Smartphone in der Jackentasche, und ich habe das Gespräch aufgenommen. Hoffentlich ist Amira mir nicht auf die Schliche gekommen. Sie wiederum gab Gesprächsbeiträge, bei denen ich selbst nicht anwesend war, so detailliert wieder, dass die Szene sofort wie ein Kammerspiel auf meinem Hirnscreen erschien und sich der Verdacht aufdrängte, auch sie habe heimlich ihr Mikro mitlaufen lassen. Eine Unterstellung, die ich natürlich für mich behalte; Amiras Bild von mir als gänzlich gesetzestreuem Menschen soll keine Kratzer bekommen – und ich würde die vermuteten Aktivitäten ungern unterbinden.

Wunderbarerweise war Amira wie eine exotische Sternschnuppe in meine Praxis geschneit, als ich eine Putzfrau suchte. Sie wollte diese Stelle unbedingt, da sie ›selber gerne Medizinfrau‹ geworden wäre, wie sie mir damals noch in gebrochener Sprache erklärte. Die sich in rasendem Tempo zu fast akzentfreiem Süddeutsch mauserte und ihr Naturtalent enthüllte, für Menschen aller Art die richtigen Worte zu finden. *Medizinfrau* wäre genau richtig für Amira, einen Kurs zur Rettungs-helferin hat sie schon absolviert, selbst ein Studium würde sie locker meistern. Doch so viel Zeit will sie nicht investieren, die Familie in Syrien hängt finanziell an ihrem Tropf.

Zurzeit will Amira noch Arzthelferin werden und nach dem Abitur in meiner Praxis eine Lehre beginnen – für mich zwar ein Lottogewinn, trotzdem hoffe ich, sie vielleicht doch zum Studium zu überreden.

Entgegen ihrer sonstigen Zutraulichkeit hat sich Amira leider all meinen Versuchen, Näheres über ihre Flucht zu erfahren, verschlossen wie eine Auster. Sie hat mir nur anvertraut, dass sie aus Aleppo stammt, die Familie gehört zur christlichen Minderheit. Ihr Vater und zwei Brüder kamen bei einem Bombenangriff ums Leben, während Amira mit ihrer Mutter auf dem Markt die Zutaten für das Abendessen besorgte. Ihre Tante nahm Witwe und Halbwaise in das Haus ihrer Familie auf, sehr zum Unmut des Ehemannes.

Amira war mit ihrem bronzefarbenen Teint und den grünen Augen schon in der Pubertät wiederholt sexueller Belästigung ausgesetzt. Die Mutter beobachtete die Frauwerdung ihrer Tochter mit Sorge. Sie selbst war wegen einer schweren Lungenerkrankung außerstande, eine Flucht durchzustehen, setzte aber ihre gesamten Ersparnisse ein, um einen Schleuser für Amira zu bezahlen und ihre Tochter in die vermeintliche Sicherheit Europas zu schicken.

Obwohl Amira über diese Odyssee kaum spricht, entnahm ich ihren Andeutungen, dass sie auf dem Weg in die Freiheit mehr als nur Belästigung hatte erdulden müssen. Nach einem halben Jahr im Auffanglager fand Amira Aufnahme in einer Institution für geflüchtete Minderjährige nahe meiner Praxis. Sie wurde meine Patientin, mit Entsetzen sah ich ihre zahlreichen Narben.

Wirtschaft, Wirtschaft, Wirtschaft

Frau Doktor war echt begeistert, als ich ihr von dem Gespräch im Wartezimmer erzählt habe. Wenn die Helferinnen nach der Sprechstunde weg sind, bin ich beim Putzen oft mit der Chefin allein. Abends kann sie ihren Papierkram erledigen, ohne dass dauernd jemand stört. Manchmal halten wir dann ein Schwätzchen, und ich erzähle ihr, was ich im Kolleg gelernt habe, für das sie mir einen zinslosen Kredit gegeben hat. Das sind für mich die schönsten Momente. Ich freue mich schon auf die Lehrstelle, die sie mir versprochen hat, wenn ich das Abi habe. Fast noch lieber würde ich sie privat kennenlernen und mehr über ihr Leben erfahren, aber Persönliches und Privates trennt sie streng.

Vor unserem Gespräch hatte ich die Aufzeichnung vom letzten Donnerstag zu Hause ein paarmal laufen lassen und konnte fast alles auswendig, auch die Fremdwörter vom Professor, die ich googeln musste. Die Chefin hat mein Gedächtnis gelobt und gefragt, ob ich das in ein paar Stichworten aufschreiben könnte. Sie will irgendwann ein Buch über den Alltag einer Hausärztin schreiben. Jeden Tag erlebt sie in der Praxis die verrücktesten Schicksale. Ein Wartezimmergespräch über Politik würde in ihre Kurzgeschichten gut reinpassen; das findet sie noch spannender als Corona, darüber hat sie schon etwas aufgeschrieben. Sie hatte selbst COVID, noch bevor es die Impfung gab, und wir haben uns alle Sorgen gemacht, weil sie auf keinen Fall ins Krankenhaus wollte, obwohl sie schlecht Luft bekam und wir ihr ein Sauerstoffgerät bringen mussten. Bis auf eine Helferin hatten wir es dann alle, Frau Benz sogar zweimal, aber uns hat es nicht so heftig erwischt wie die Chefin. Keiner im Team kann verstehen, dass die Pandemie inzwischen die meisten Menschen nicht mehr interessiert, obwohl es immer mehr Fälle gibt.

Das Mikro habe ich Frau Doktor verschwiegen, so etwas würde sie nie erlauben. Die Chefin ist immer komplett korrekt, und die ärztliche Schweigepflicht ist ihr heilig, obwohl sie auf den deutschen Datenschutz schimpft, weil der den Ärzten das Leben so schwer macht.

Kurz vor sechs ruft Frau Doktor mich in ihr Zimmer. Sie muss noch einen Anruf erledigen und bittet, dass ich Herrn Kunz mit ins Wartezimmer nehme; er kommt neu in die Gruppe. »Meine Mitarbeiterin, Frau Amira Amin«, stellt sie mich vor, und ich bin stolz. Herr Kunz schaut drei Sekunden, als wäre ich ein Zombie, dann strahlt er mich an und schüttelt mir so lange die Hand, wie es die Politiker manchmal machen, wenn sie vor einer Kamera so tun müssen, als wären sie beste Freunde. Ich sehe, wie es in seinem Hirn rattert, als er dort seine ›Ich-binkein-Rassist-App‹ runterlädt. Er sagt, wie sehr er sich freut, mich kennenzulernen. Das ist so eine Freundlichkeit, die ich manchmal nervig finde, aber immer noch besser, als wenn die Leute einfach an einem vorbeischauen, als wäre man gar nicht da, nur weil man anders aussieht.

Ich kenne Herrn Kunz, aber er kennt mich nicht. Mein Putzeimer macht mich unsichtbar. Irgendwann habe ich gesehen, wie er aus dem Sprechzimmer kam und sich sofort einen halben Schokoriegel quer in den Mund gestopft hat. Da ist mir klar geworden, warum er in letzter Zeit einen Bauch gekriegt hat wie eine Frau im fünften Monat. Ich glaube, er ist eitel, seine dünnen Haare kämmt er über die kahlen Stellen, außerdem ist er immer braun gebrannt, wie die Rentner, die auf Teneriffa überwintern.

Ich gehe mit ihm ins Wartezimmer, alle sind schon da und schnattern durcheinander. Als wir eintreten, wird es plötzlich so still wie manchmal in der Bahn, wenn man neu ins Abteil kommt. Herr Kunz stellt sich vor, er ist Stadtrat und will bei der nächsten Wahl als Oberbürgermeister kandidieren, sagt aber nicht, für welche Partei. Kevin fragt respektlos nach und scheint enttäuscht, als er ›Freie Wähler‹ hört, da ist ihm wohl zu wenig Zündstoff drin. Herr Kunz gibt uns eine Visitenkarte mit Foto und sagt, wir sollen ihn auf seiner Website besuchen.

Frau Glueck klimpert wieder mit den Wimpern und fragt: »Wählen sollen wir Sie doch sicher auch?« Jetzt sind in der Oldie-Fraktion zwei Männer; der Kunz ist auch schon um die fünfzig, und so, wie die Glueck dem Neuen schöne Augen macht, kriegt der Professor Konkurrenz. Der Kunz strahlt wie Tom Cruise und sagt: »Meine Liebe, das wäre mir eine große Ehre.«

Die Glueck lächelt gebauchpinselt und fährt fort: »Als Politiker haben Sie doch sicher eine Meinung zu der Frage, ob wir aus Solidarität mit der Ukraine sämtliche Gas- und Ölimporte aus Russland stoppen sollten.«

Der Professor zieht seine Augenbrauen zusammen und macht den Mund auf, bleibt aber stumm.

Wie sehen den Kunz an, der knibbelt an seinem rechten Ohrläppchen und braucht einen Moment, bis ihm eine Antwort einfällt: »Da stellen Sie eine ganz wichtige Frage, und ich gestehe, dass ich es schwierig finde zu antworten. Es geht bei aller Solidarität ja nicht nur darum, dass wir ein bisschen weniger heizen oder Auto fahren. Ein totaler Importstopp von russischem Gas und Öl würde komplette Produktionszweige lahmlegen, zum Beispiel in der Chemieindustrie – und das würde zu Lieferengpässen und Massenarbeitslosigkeit führen. Arbeitslose zahlen weniger Steuern, die fehlen dann in der Staatskasse, um die Kostenexplosion durch den Krieg abzufedern. Und es wird weniger eingekauft, dadurch geht insgesamt die Wirtschaft in die Knie.«

Kevin schüttelt den Kopf. »Gas und Öl gibt es auch anderswo; und endlich haben sogar unsere Politiker eingesehen, dass wir uns dafür nicht von den Russen kaufen lassen dürfen. Jetzt schwafelt plötzlich sogar der Lindner von erneuerbarer Energie als Freiheitsenergie.«

»Na ja«, wirft der Professor ein, »dafür müssen wir uns jetzt von Ölscheichs kaufen lassen, die einen Journalisten zerstückelt haben. Oder von den Herrschaften, in deren Wüstenstaat sich sechstausend Fremdarbeiter für den Fußball zu Tode schuften durften.«

Da springt der Kunz gleich drauf an. »Sie sagen es! Und Lindners Freiheitsenergie wärmt uns erst, wenn wir in der Lage sind, sie zu produzieren. Doch bis wir dahin kommen, können weder die EU noch Deutschland ganz auf Gas und Öl aus Russland verzichten. Die Preise sind schon vor dem Krieg gestiegen, jetzt werden sie durch die Decke gehen. Was wir infolge des Ukrainekrieges an Geld ausgeben, muss anderswo eingespart werden, zum Beispiel bei der Bildung, im Gesundheitswesen – und nicht zuletzt beim Klimaschutz. Die Spielräume unseres Haushaltes sind leider endlich, wenn wir nicht unsere Wirtschaft ruinieren wollen.«

Kevin stampft mit seinem linken Sneaker auf den Boden. »Also geht es mal wieder nur um die Wirtschaft – und dafür sollen wir in Kauf nehmen, dass in der Ukraine die Menschen abgeschlachtet werden.«

Der Kunz schaut auf Kevins Fuß, als wäre das eine zertretene Riesenschnecke, und antwortet in lässigem Ton: »Nun ja, es ist das Privileg der Jugend, einfache Schlussfolgerungen aus komplexen Sachverhalten zu ziehen ...«

Kevin kriegt rote Flecken im Gesicht und antwortet wie aus der Pistole geschossen: »Dann ist es wohl das Privileg der Alten, dass sie einfache Sachverhalte so lange verkomplizieren, bis sie sich um die Schlussfolgerungen drücken können.«

Dem Herrn Politiker bleibt die Spucke weg; ich schlucke mein Glucksen hinunter. Aber dann fasst der Kunz sich wieder und sagt mit einem sarkastischen Lächeln: »Dann sind Sie in Ihrer komplexen Analyse der kriegerischen Auseinandersetzungen sicher auch zu dem Schluss gekommen, man sollte über der Ukraine eine Flugverbotszone einrichten?«

Kevin lehnt sich so weit nach hinten, dass sein Bauch fett vorsteht. »Bullshit, Herr Bürgermeister in spe! Das gäbe nämlich Zoff mit den Russen und ist keinesfalls kriegsentscheidend, weil die meisten Bomben nicht von Fliegern kommen, sondern als Langstreckenraketen aus Russland oder von Kriegsschiffen aus der Ferne abgefeuert werden.«

Jetzt mischt sich der Professor ein. »Und warum verlangt Selenskyj dann in jeder Videobotschaft, dass die NATO den ukrainischen Luftraum sichert?«

Da muss Frau Glueck ran. »Gute Frage«, sagt sie. »Könnte es nicht sein, dass Selenskyj denkt: *Ukraine first*? Russland ist der Ukraine militärisch überlegen, der NATO aber nicht. Bei einer Verletzung des Flugverbotes muss die NATO russische Flugzeuge angreifen. Das wäre faktisch ein Weltkrieg. Vielleicht hofft Selenskyj, dass Putin die Bombardierung der Ukraine einstellt, wenn er sich nicht mehr darauf verlassen kann, dass die NATO sich erst einmischt, wenn sie direkt attackiert wird.«

Wir sind so vertieft, dass wir nicht hören, wie Frau Doktor die Tür öffnet. »Guten Abend, ihr Lieben. Dem Geräuschpegel nach zu schließen, wird hier wohl lebhaft diskutiert. Vielleicht mögen Sie mir gleich erzählen, was Sie so bewegt.« Mit ihrem Röntgenblick merkt sie sofort, dass der Kunz nicht gut drauf ist, und sagt: »Zuerst möchte ich aber Herrn Kunz sehr herzlich als neues Mitglied unserer Gruppe begrüßen.«

Frau Doktor setzt sich, der Kunz reißt sich zusammen, macht eine Verbeugung und bedankt sich. Die Chefin lächelt ihn an, aber dann wird ihr Gesicht wieder ernst. »Leider muss ich Ihnen mitteilen, dass Frau Luxner nicht mehr an unseren Sitzungen teilnehmen wird. Sie hat mir berichtet, ein Gruppenmitglied hätte behauptet, sie leide an Alzheimer. Einen Namen hat sie nicht genannt, aber ich hatte den Eindruck, dass sie sehr verletzt war.« Frau Doktor schaut streng in die Runde, alle schütteln den Kopf, Kevin sagt, dass es ihm total leidtut, dass Frau Luxner nicht mehr teilnimmt. Nur Kira wird ein bisschen rot. Frau Doktor sieht sie scharf an und zieht die rechte Augenbraue hoch.

Kira rutscht auf ihrem Stuhl rum, dann hält sie es nicht mehr aus. »Also, das war so: Frau Luxner hat das Thema aufgebracht, sie hat nämlich vermutet, Putin hätte Alzheimer, weil er ja schon so alt ist, fast siebzig. Und ich hab dann Amira leise zugeflüstert, da wäre die Luxner ja wohl Expertin. Es tut mir voll leid, wenn sie das trotzdem gehört hat, und ich wollte ihr wirklich nicht ...«

»Schon gut!«, unterbricht die Chefin. »Das glaube ich Ihnen. Aber Flüstern ist erstens unhöflich und kann zweitens leicht missverstanden werden.« Kira senkt den Kopf und sieht aus wie ein bedröppelter Pudel, der zu gut gefüttert wird.

Kevin traut sich mal wieder was. »Das war scheiße. Für einen Menschen mit Demenz ist das Schlimmste, was man ihm sagen kann, er hätte Alzheimer. Und ich glaube, Frau Luxner hat wirklich welchen, stimmt's, Frau Doktor?«

Die Chefin macht ihr strenges Pokerface. »Sie wissen sicher, was ärztliche Schweigepflicht bedeutet.«

Alle nicken, und Frau Doktor wechselt das Thema. »Übrigens, ich glaube kaum, dass Alzheimer Putins Problem ist.«

Sie schaut fragend in die Runde. »Haben Sie über ihn gesprochen, bevor ich eben hereinkam?«

»Nicht direkt«, antwortet der Professor. »Zuletzt waren wir bei den Diskussionen über ein totales Energieembargo gegen Russland und eine Flugverbotszone über der Ukraine. Frau Doktor, wie sehen Sie das als professionelle Lebensretterin?«

Die Chefin hat plötzlich ein sehr trauriges Gesicht. »Ich kenne und verstehe die Argumente, die gegen beides sprechen«, sagt sie. »Man will keinen Zusammenbruch der Wirtschaft riskieren und noch weniger einen Weltkrieg provozieren. Aber manchmal denke ich, wir können doch nicht einfach danebenstehen und tatenlos zuschauen, wie Menschenleben vernichtet werden. Nie war unsere Solidarität so gefragt wie heute. Wenn wir schon nicht aktiv in das Kriegsgeschehen eingreifen, müssen wir wenigstens auf humanitärer Ebene all unsere Hilfsbereitschaft mobilisieren; und zumindest das scheint ja auch zu funktionieren.«

Das ist typisch Frau Doktor. Sie hält es nicht aus, wenn es anderen schlecht geht, und will dann immer etwas dagegen unternehmen. Weil sie nicht nur Mitgefühl mit leidenden Menschen hat, sondern selbst richtig mitleidet.

Frau Glueck hat fast feuchte Augen und sagt: »Genau wegen dieser Menschlichkeit wollte ich Sie als Hausärztin haben.«

Kunststück, als Lehrerin ist Frau Glueck privat versichert und kann sich ihre Ärzte aussuchen.

»Ich stimme Ihnen zu, dass Solidarität begrüßenswert ist«, wirft der Professor ein. »Doch bekanntermaßen hat Hilfsbereitschaft meist nur eine kurze Halbwertszeit. Zu Beginn fördern Katastrophen das Gute in uns zutage, und wir entdecken plötzlich unsere tätige Empathie. Aber nach einer Weile setzt sich die natürliche Selbstsucht wieder durch. Sogar Politiker, die sich anfänglich noch im Katastrophenmanagement einigen konnten, instrumentalisieren die Krise als Wahlkampfwaffe. Und wir wissen, wie schnell der hilfsbereite Bürger wieder zum Egoisten wird, wenn's ihm an den Geldbeutel geht.«

»Das denke ich überhaupt nicht«, widerspricht Frau Doktor. »Gerade in Zeiten der Orientierungslosigkeit machen zwei Dinge die Menschen glücklich: Ziele, für die man aus Überzeugung kämpfen kann, und selbstlose Hilfe. Schwächere Menschen zu retten oder mindestens zu unterstützen, verleiht ein Gefühl der Stärke, die mancher im täglichen Leben selten spürt. Die Möglichkeit, selbst etwas zu tun, wirkt dem quälenden Empfinden entgegen, man wäre Krisen hilflos ausgeliefert. Ich bin überzeugt, dass das Elend dieses Krieges bei vielen Menschen nicht nur das Herz öffnet, sondern auch das Portemonnaie. Eine Spende hilft nicht nur den Bedürftigen, sondern auch der eigenen Psyche.«

Die Chefin glaubt immer an das Gute im Menschen, da kommt sie mir manchmal so jung vor, wie sie von hinten aussieht. Sicher hat sie noch nicht so viele schlechte Erfahrungen machen müssen wie ich – oder sie gehört zu den beneidenswerten Menschen, die schlechte Erfahrungen immer wieder von der Festplatte in ihrem Hirn löschen.

»Also, meine Eltern haben ganze zehn Euro per SMS an RTL gespendet«, sagt Kevin. »Die kriegen von einem leeren Geldbeutel nämlich Herzbeschwerden, deshalb halten sie ihn lieber zu.«

Ich finde das peinlich, bei uns hat man gelernt, Verwandte können noch so beschissen sein, trotzdem sind sie Familie und über die schimpft man nicht bei Leuten, die nicht dazugehören.

Herr Kunz, der Finanzexperte, sagt: »Die Regierungspolitiker kriegen wohl offensichtlich keine Herzbeschwerden beim Geldausgeben, es ist ja nicht ihr eigenes. Der Kanzler spricht von Zeitenwende und will jetzt nicht nur 100 Milliarden Euro unserer Steuergelder in die Bundeswehr pumpen, sondern neuerdings sogar Waffen in die Ukraine liefern, wenn auch keine schweren.«

»Ab welchem Gewicht spricht man eigentlich von schweren Waffen?«, fragt Kira.

Kevin grinst boshaft. »Wer kein Latein kann, ist ein Banause. Und wie nennt man bitte jemanden, der noch nicht mal weiß, worüber sich zurzeit die halbe Welt streitet? Schwere Waffen sind Panzer, Kampfflugzeuge, Kriegsschiffe und Artilleriegeschütze mit einem Kaliber von mehr als hundert Millimetern. Also die Waffen, die einer Kriegspartei im Ernstfall den Arsch retten. Wir Deutschen behaupten immer, wegen unserer Geschichte müssten wir uns raushalten. Und dann kaufen wir uns mit Geld davon frei, selbst ein Risiko einzugehen. Das hat uns der Selenskyj letzte Woche bei seiner Video-Rede für den Deutschen Bundestag ganz unverblümt vor den Latz geknallt, nur dass er die Ausrede mit der Geschichte umgedreht hat. Er hat angeprangert, dass unsere Politiker bei sämtlichen Gedenkveranstaltungen beteuern: ›Nie wieder!‹ Und dass man jetzt sieht, dass diese Worte eigentlich nichts wert sind. Und dann hat er noch gesagt, dass es schwer ist, die Ukraine zu verteidigen, ›ohne das, was die Deutschen tun könnten, um nicht auch nach diesem Krieg beschämt zurückzublicken‹.«

In unserer Weiber-WG haben wir uns diese Rede beim Essen auf YouTube angeschaut. Ich fand es spannend, wie die Grüne mit dem Doppelnamen fast zu Tränen gerührt war – von ihren eigenen Worten. Die anderen auch, sogar der Merz sah plötzlich ganz unbissig aus, wie ein Kampfhund mit Liebeskummer. Aber der Selenskyj hat nicht mal gelächelt und knallhart seine Vorwürfe ausgepackt: Die Deutschen würden nur an *Wirtschaft, Wirtschaft, Wirtschaft* denken. Da sind die gerührten Gesichter eingefroren, alle haben irgendwohin gestarrt, und der Scholz hat an seiner Maske herumgefummelt. Zum Schluss sind sie aufgestanden. Sonst donnert bei Standing Ovations der Applaus, aber diesmal war das Klatschen so matt wie bei Sportlern, wenn die Konkurrenz gewinnt. Als sie wieder saßen, hat die stellvertretende Präsidentin mit dem Doppelnamen irgendwelchen Leuten zu ihrem sechzigsten Geburtstag gratuliert, aber in einem Ton, in dem man sonst ›herzliches Beileid‹ sagt.

Herr Kunz hat als Möchtegernpolitiker dazu eine Meinung. »Bei aller Sympathie für die Ukraine fand ich diese Rede schon etwas problematisch. Deutschland hat seit Jahren mit am meisten für die Ukraine gezahlt. Wir haben sie seit 2014 bereits mit zwei Milliarden Euro unterstützt. Außerdem gab es erhebliche Zuwendungen, die Deutschland als größter Beitragszahler über die EU leistete. Und dann beschuldigt Selenskyj im Deutschen Bundestag unsere Regierung, sie hätte eine Mauer errichtet. Ein paar Dankesworte findet er nur für solche Politiker, die sich ›dennoch bemühen, diese Mauer zu durchbrechen, und sich zwischen russischem Geld und dem Tod ukrainischer Kinder für das Leben entscheiden‹. Das halte ich für eine ziemliche Unverschämtheit.«

Am Gesicht der Chefin sehe ich, dass sie ihren Ärger runterschluckt, um freundlich zu bleiben. Das übt sie jeden Tag, so blöde, wie die Patienten sich manchmal benehmen, besonders seit Corona. Dass sie sauer ist, sieht man nur, wenn man sie gut kennt.

»Bei allem Respekt, Herr Kunz, den Begriff ›Unverschämtheit‹ finde ich hier unpassend, da fehlt mir Ihre Empathie.« Sie runzelt die Augenbrauen. »Und Empathie ist uns Bürgern doch wichtig, nicht nur bei der Wahl zum Stadtoberhaupt …«

Kevin feixt, Kira grinst, und aus Versehen sind sie sich wohl ausnahmsweise wortlos einig. Der Kunz macht ein Gesicht wie ein getretener Mops und holt Luft. Aber die Chefin ist noch nicht fertig. »Der ukrainische Präsident ist verzweifelt, er sieht Tag und Nacht, wie seine Landsleute sterben und seine Heimat in Schutt und Asche gebombt wird. Er bleibt freiwillig mittendrin, er ist Tag und Nacht auf Achse, um seinen Leuten Mut zu machen und in der ganzen Welt um Hilfe zu bitten. Da sollten gerade wir Deutsche nicht so dünnhäutig sein – und schon gar nicht kleinlich unsere Geldzuwendungen aufrechnen.«

Der Kunz schrumpelt richtig zusammen und sagt: »Nix für ungut, Frau Doktor …«

Das ist der Einsatz für Frau Psycho. »Ich persönlich würde das eher ›Ungeschicklichkeit‹ nennen als ›Unverschämtheit‹. Herr Selenskyj möchte legitimerweise die maximale Unterstützung für sein Land erzielen, und bekanntlich bekommt man Zuwendung häufig, indem man seinem Gegenüber Schuldgefühle verursacht.«

Jetzt muss der Professor auch wieder etwas beitragen: »Mit dem Wort ›Ungeschicklichkeit‹ hat Frau Glueck das einmal mehr präzise getroffen«, sagt er und schaut schnell zu der Gelobten hinüber, um zu checken, wie sein Gesülze ankommt. »Selenskyjs Rede hat mir erneut meine Hypothese bestätigt, dass Politiker unter Druck mitunter die Strategie aus den Augen verlieren. Es müsste doch in seinem eigenen Interesse liegen, sich seine Unterstützer langfristig gewogen zu halten. Diese Gewogenheit wird durch anhaltende Wiederholung von Vorwürfen unnötig strapaziert.«

»Genau das habe ich gemeint«, sagt der Kunz und schaut Frau Doktor an, als wollte er etwas gutmachen. »Und ihm muss ja auch daran gelegen sein, dass die Wirtschaft seiner Geldgeber nicht zusammenbricht, denn Geld geben kann nur, wer welches hat. Etwas mehr explizit geäußerte Dankbarkeit wäre da schon klüger gewesen.«

»Das finde ich auch«, sagt Kira. »Die Psychologie lehrt uns, dass der Dankbare eher beschenkt wird als der Fordernde.«

Ich glaube, dass Kira da aus Erfahrung spricht. Die muss nichts fordern, die kriegt auch so ihre Designer-Klamotten, ohne dankbar zu sein.

Ihre Eltern sind irgendwelche hohen Tiere und immer weg. Von denen kriegt sie alles geschenkt außer Liebe – denke ich mal.

Der Professor lacht. »Schon Otto von Habsburg hat gesagt: *Wer in der Politik Dankbarkeit erwartet, ist ein unverbesserlicher Optimist.*«

Frau Doktor hebt die Hände. »Dankbarkeit empfindet man doch hauptsächlich für Zuwendung, die einem *nicht* zusteht. Ich glaube, als europäischer Nachbar hat die Ukraine durchaus einen *Anspruch* auf unsere Unterstützung.«

»Sie sprechen mir aus der Seele, Frau Doktor«, zwitschert die Glueck. »Man soll Dankbarkeit nie einfordern, denn sie hat mit Verpflichtungsgefühlen zu tun, und die generieren mehr Abneigung als Sympathie. Dazu habe ich auch ein Zitat; es stammt von Marie von Ebner-Eschenbach: *Das Gefühl schuldiger Dankbarkeit ist eine Last, die nur starke Seelen zu ertragen vermögen.*«

»Das war ein perfektes Schlusswort«, sagt Frau Doktor, »und auch ich habe einiges gelernt, dafür bin ich Ihnen dankbar. Aber nun wollen wir uns wieder der gesunden Lebensführung zuwenden. Unser heutiges Thema ist: *Gesättigte und ungesättigte Fettsäuren.*«

Selenskyjs Rede im Deutschen Bundestag am 17.3.2022 (Auszüge)

... Als wir Ihnen sagten, dass die Nord Stream-Leitungen Waffen sind und der Vorbereitung auf einen großen Krieg dienen, hörten wir die Antwort: »Es geht hier aber um die Wirtschaft, Wirtschaft, Wirtschaft«. Doch das war der Zement für eine neue Mauer.

Als wir Sie fragten, was die Ukraine tun muss, um NATO-Mitglied zu werden, in Sicherheit zu sein, Sicherheitsgarantien zu erhalten, hörten wir die Antwort: »Eine derartige Entscheidung liegt bislang nicht auf dem Tisch und es wird sie in nächster Zeit auch nicht geben.« Und es gibt auch keinen Platz für uns an diesem Tisch.

Genauso zögern Sie nun bei der Frage nach dem Beitritt der Ukraine zur Europäischen Union. Offen gesagt: Für manche ist es Politik. Doch in Wahrheit sind es Steine. Steine für eine neue Mauer.

Als wir um präventive Sanktionen baten, wandten wir uns an Europa, ... wandten wir uns an Sie. ... Und wir sahen ein Hinauszögern. Wir verspürten einen Widerstand. Wir haben verstanden, dass Sie die »Wirtschaft, Wirtschaft, Wirtschaft« fortführen wollen.

Derzeit sind die Handelsbeziehungen zwischen Ihnen und dem Staat, welcher erneut einen brutalen Krieg nach Europa brachte, der Stacheldraht über der Mauer. Über der neuen Mauer, die Europa spaltet.

... Ich wende mich an Sie im Namen aller, die hörten, wie Politiker jedes Jahr beteuern: »Nie wieder!« Und die gesehen haben, dass diese Worte nichts wert sind. Denn erneut versucht man in Europa, ein ganzes Volk zu vernichten. Alles zu vernichten, dank dem wir leben. Und wofür wir leben.

... Mein Dank gilt allen, die uns unterstützen ... Den einfachen Deutschen, die von ganzem Herzen Ukrainern in Ihrem Land helfen. Journalistinnen und Journalisten, die ehrlich ihre Arbeit verrichten und all das Böse zeigen, das Russland über uns gebracht hat. Ich danke denjenigen deutschen Unternehmen, die Moral und Menschlichkeit über die Buchhaltung stellten. Über die »Wirtschaft, Wirtschaft, Wirtschaft«.

Und ich danke den Politikern, die sich dennoch bemühen. Die sich bemühen, diese Mauer zu durchbrechen. Die sich zwischen russischem Geld und dem Tod ukrainischer Kinder für das Leben entscheiden. Die eine Verschärfung der Sanktionen gegen Russland unterstützen.

... Es ist schwer für uns, ohne die Hilfe der Welt zu bestehen. Ohne Ihre Hilfe. Es ist schwer, die Ukraine zu verteidigen, Europa zu verteidigen. Ohne das, was Sie tun können. Was Sie tun können, um nicht auch nach diesem Krieg beschämt zurückzublicken ...

https://www.bundestag.de/dokumente/textarchiv/2022/
kw11-de-selenskyj-rede-deutsch-884872

1. April

Honeymoon Zystitis

Kurz vor sechs verabschiede ich den letzten Patienten und freue mich auf ein paar Augenblicke der Stille vor dem Kurs. Ich gebe den Teilnehmern gern einige Minuten, um warm zu werden oder sich zu kabbeln, bevor ich dazustoße; in meiner Abwesenheit gehen sie weniger brav miteinander um.

Ich habe mich gerade umgezogen, als Frau Benz ins Zimmer kommt. Kira Münch habe darum gebeten, mich vor dem Kurs zu sprechen, sie habe Blut im Urin. Ich gebe die Anweisung, die Patientin vorab um eine Urinprobe zu bitten, um einen Schnelltest durchzuführen und den Rest bei Bedarf an das Labor zu schicken.

Kira wirkt ganz gesund, aber etwas ängstlich. Sie habe heute Morgen eine heftige rote Harnverfärbung bemerkt, bei ihrer Tante habe der Nierenkrebs auch mit Blut im Urin begonnen.

Ich erkläre, eine bösartige Ursache sei ausgesprochen unwahrscheinlich, wir würden die Diagnose sicher zügig herausfinden. Ob sie vielleicht ihre Periode habe?

Hatte sie nicht.

In ihrem Alter sei ansonsten bei Frauen die Honeymoon-Zystitis die bei Weitem häufigste Form der Harnblasenentzündung. Wann denn ihr letzter Sex gewesen sei?

Kira funkelt mich empört an. »Das wüsste ich aber, wenn ich eine Bumsblase hätte, Frau Doktor. Das Dumme ist bloß, dass es dazu ja wohl einen Männerschwanz braucht, und darauf stehe ich gerade gar nicht.«

Ich wende vorsichtig ein, die Ursache einer Blasenentzündung sei meist eine mechanische Reizung der Harnröhre – und dafür bedürfe es nicht zwingend eines männlichen Genitals.

»Auch kein Frauenfinger oder ein umgeschnallter Dildo«, werde ich beschieden. »Für Sex oder Beziehung habe ich gerade gar keinen Kopf.« Nach einer kleinen Pause fügt sie hinzu: »Ehe es Ihnen peinlich ist, das auch noch zu fragen: Nein, Frau Doktor, es war auch kein Sextoy im Selbstgebrauch. Nicht nie, aber nicht in den letzten Tagen.«

Damit ist das Thema erschöpfend bearbeitet. Die Beziehungsunwilligkeit meiner jungen Patientin finde ich traurig, aber nicht überraschend. Kira litt in der Kindheit unter ihrem Bruder, dem Liebling der Eltern. Als Knabe niedlich wie ein Murillo-Engel, wandelte sich Victor in der Jugend zu einem Schönling, den man sich als Model für Herrenunterwäsche von Armani vorstellen konnte. Niemand traute dem großäugigen Lockenkopf den ausgeprägten Hang zum Sadismus zu, mit dem er seine kleine Schwester physisch quälte und psychisch terrorisierte. In der Pubertät entwickelte Kira eine Bulimie, die sich besserte, als Victor aus dem Haus ging, wenngleich sie auch in Abwesenheit ihres Bruders von ihren Eltern nicht mehr Zuwendung erhielt.

Wenig später wurde die Mutter nach vermeintlichem Eintritt der Menopause schwanger, die wohlhabende Upperclass-Familie empfand es als Schande, dass ihr später Sprössling mit Down-Syndrom zur Welt kam. Das Kind hatte den typisch zutraulichen Charme vieler Downies, und Kira liebte die kleine Schwester abgöttisch. Nachdem die Eltern ihre Jüngste in ein Internat für Behinderte in die Schweiz abgeschoben hatten, entgleiste Kiras Essstörung, sie nahm massiv zu. Die Coronapandemie mit Homeschooling, sozialer Kontaktreduktion und Bewegungsmangel bescherten ihr weitere Kilos, die sie seit Kursbeginn aber konsequent bekämpft. Nach dem Abitur will sie Sozialpädagogik studieren und anschließend einen Verein gründen, der sich für die Inklusion behinderter Kinder einsetzt. Bei Antritt ihres Erbes möchte sie den Verein dann in eine Stiftung umwandeln, nach dem Tod der Eltern, den sie offensichtlich nicht als erschreckende Vorstellung empfindet.

Frau Benz tritt ein und wirft Kira einen tadelnden Blick zu. »Der Schnelltest ist völlig normal. Keine Erys[1], kein Hämoglobin[1], kein Eiweiß, kein gar nix.«

---

1 Medizinische Fachausdrücke werden im Glossar erläutert

Kiras Gesichtsausdruck schwankt zwischen Entrüstung und Ratlosigkeit. »Aber Sie haben doch gesehen, dass mein Urin ganz rötlich war! Wie soll das denn sonst zustande kommen?«

»Das klären Sie mal mit Frau Doktor«, entgegnet Frau Benz schnippisch und rauscht ab. Ich entschuldige mich bei Kira, niemand wolle ihr etwas unterstellen. Meine Helferin habe wohl darauf angespielt, dass es ein nicht unüblicher Schülertrick sei, dem Urin einen Tropfen roten Farbstoff beizumischen, um von Mutter eine Entschuldigung zu erhalten.

Kira schaut mich mit offenem Mund an und meint, den Trick hätte sie gerne schon früher gekannt. Ob ich sie denn für so dumm hielte, eine gefärbte Urinprobe abzugeben. »Da hätte ich doch wohl behauptet, ich könnte gerade nicht pinkeln.«

Das finde ich einleuchtend und habe noch eine Idee. »Was haben Sie in den letzten zwei Tagen gegessen?«

Die Antwort kommt prompt: Rote Bete. Rätsel gelöst, wir lachen gemeinsam und sind erleichtert. Ich schicke Kira schon vor und muss versprechen, meiner Helferin die »Diagnose« zu kommunizieren, um Kira zu rehabilitieren. Frau Benz ist dann auch entsprechend zerknirscht.

Auf dem Weg ins Wartezimmer höre ich die Türklingel. Oft kommen Patienten fünf Minuten vor Ende der

Sprechstunde oder noch später wegen angeblich dringlicher Probleme, die sich meist als Banalitäten oder vergessene Rezeptwünsche herausstellen; eigentlich habe ich mir vorgenommen, abends das Läuten zu ignorieren. Aber wieder ist die nagende Ungewissheit, ob es nicht doch ein Notfall sein könnte, stärker als der Vorsatz, und ich öffne.

Vor mir steht Frau Luxner und strahlt mich an. Sie trägt eine froschgrüne Cordsamthose und einen lachsfarbenen Pulli, einst wohl teures Kaschmir, nun aber speckig verfilzt. Sie riecht nach den Gitanes, die sie täglich dutzendweise raucht. Auf meine erstaunte Frage, was ich für sie tun könne, antwortet sie nachsichtig: »Aber Frau Doktor, haben Sie etwa vergessen, dass wir heute Kurs haben?«

Olaf und die Amplikalypse

Wir sind ganz geplättet, als die Tür aufgeht und die Chefin nicht allein, sondern mit unserer Aussteigerin ins Wartezimmer kommt. Frau Doktor tut aber so, als wäre alles wie immer. »Guten Abend, ihr Lieben, ich habe Frau Luxner mitgebracht.«

Alle schalten schnell. »Schön, dass Sie heute wieder dabei sind«, sagt Frau Glueck, und Kevin springt auf, um noch einen Stuhl in den Sitzkreis zu holen. Herr Kunz stellt sich mit einer kleinen Verbeugung als neues Gruppenmitglied vor.

»Sehr angenehm«, sagt Frau Luxner, ganz Lady. Sie klappt kurz ihre Maske herunter und schenkt Kevin ein strahlendes Lächeln, als er ihr den Thonetstuhl zurechtrückt. Sofort greift sie nach einem Rote-Bete-Chip und kaut geräuschvoll drauflos.

Die bunte Mischung kalorienarmer Veggiesnacks vom Biobauern ist schon halb aufgefuttert. Die Chefin hat mir erklärt, dass sie uns mit diesem Beispiel *ernährungstechnisch günstigere Sünden* nahebringen will, das findet sie nachhaltiger, als auf alles zu verzichten, das schmeckt.

»Wir sind erneut beim Thema Ukrainekrieg«, bringt der Prof die beiden auf den aktuellen Stand. »Und Kevin hat einmal mehr die deutsche Politik niedergemacht.«

»Wundert Sie das?«, fragt Kevin im Krawallmodus. »Die Deutschen sind so peinlich feige. Die Verteidigungsministerin, die sogar in ihrer kugelsicheren Weste aussieht wie eine Oma in Kittelschürze, erzählt uns einen vom Pferd, von wegen, sie könnte den Umfang der Waffenlieferungen aus Sicherheitsgründen nicht preisgeben, dabei schämt sie sich bloß zuzugeben, wie wenig wir liefern. Und der Kanzler macht das, was er immer tut, wenn's eng wird: Er scheißt sich in die Hosen und sagt gar nix.«

Typisch Kevin: ein superschlauer Nerd, der sein weiches Herz hinter Randale versteckt. Die respektlose Oma-Bemerkung passt gar nicht zu ihm, seine eigene knalldemente Großmutter behandelt er liebevoll und fürsorglich. Er begleitet sie immer in die Praxis, denn allein würde sie den Weg nicht mehr finden. Außerdem besucht er sie fast jeden Tag im Altersheim und macht oft am Wochenende Ausflüge mit ihr. Mir läuft immer das Herz über, wenn ich sehe, wie zärtlich er mit der alten Frau umgeht und sie zum Strahlen bringt. Dass Kevin sich so für die Ukraine engagiert, finde ich super, und ›Omas Kittelschürze‹ richtig witzig, obwohl politisch nicht korrekt.

Ausgerechnet Kira lässt ihm das nicht durchgehen. »Du Proll-Macho! Sogar wenn du recht hättest: Wer Frauen und alte Menschen diskriminiert, dem hört man gar nicht mehr zu.«

Frau Glueck setzt sich kerzengerade auf. »Ich gebe Ihnen recht, dass wir Frauenfeindlichkeit nicht dulden sollten, aber der Begriff ›Proll‹ ist eine soziale Diskriminierung, die ich genauso inakzeptabel finde«, tadelt sie. »Und was meinen Sie bitte mit ›alten Menschen‹? Die Verteidigungsministerin ist jünger als ich – also ein bisschen –, sie ist gerade mal sechsundfünfzig Jahre alt.«

Kira schaut verdutzt und will antworten, doch der Wissmer kommt ihr zuvor: »Die Ministerin sieht aber mindestens zehn Jahre älter aus als Sie, Frau Glueck!«, wirft er ein. »Und was deren Ausstrahlung betrifft, vermag ich Kevin in Grenzen zu verstehen, auch wenn ich seine Diktion natürlich nicht gutheißen kann.«

Ich drücke das aufsteigende Glucksen zurück in die Kehle und habe Spaß an diesem kleinen Frühling in unserem Kurs. Im Gesicht von Frau Glueck leuchtet eine innere Glühbirne auf. Sie klimpert den Professor wieder an und bedankt sich für den charmanten Trost, bei den Youngstern schienen eben Menschen ab fünfzig bereits alt.

»Sorry wegen der Schürzen-Oma«, brummt Kevin, »und ich will auch keine Frauen miesmachen. Dass die Verteidigungsministerin so einen beschissenen Job macht, kommt nicht daher, dass sie 'ne Frau ist. Ihre Kollegin im Außenministerium hat schließlich auch gecheckt, dass wir die Ukraine nicht nur mit ein bisschen ausrangiertem Uraltschrott aus der DDR abspeisen dürfen. Es ist eine Schande für Deutschland, dass der Kanzler sich drückt, nachdem sogar die grünen Pazifisten und die Liberalen fordern, die Ukraine mit schweren Waffen zu unterstützen. Jede Affenherde hätte ihr Alphamännchen längst aus dem Rudel verjagt, wenn es so rumeiern würde wie der Scholz in seiner Ampelkoalition.«

»Ich sage nur: Amplikalypse«, kommentiert Frau Luxner. »Der König regiert, aber er herrscht nicht.« Sie sonnt sich im allgemeinen Gelächter, dann sagt der Professor: »Da ist was dran. Neulich hat Ekkehard Brose etwas Ähnliches so formuliert: ›Wir müssen wegkommen von der biedermeierlichen Beschaulichkeit unserer sicherheitspolitischen Kultur.‹«

Die Chefin grinst, die Glueck legt den Kopf schief. »Köstlicher Spruch!«, sagt sie. »Aber ob unsere jungen Leute sich unter der Beschaulichkeit des Biedermeier noch etwas vorstellen können?« Mit den *jungen Leuten* meint sie wahrscheinlich mich und will mal wieder den Erklärbär spielen. Als Lehrerin müsste sie doch wissen, dass ein Kolleg keine Förderschule für Analphabeten ist.

»Klar doch«, antworte ich, »obwohl das Biedermeier ein bisschen vor Ihrer Zeit war. Ende des neunzehnten Jahrhunderts, als sich die Menschen lieber mit Hausmusik und Handarbeit auf ihren Mahagonimöbeln zurechtgekuschelt haben, weil sie auf Politik keinen Bock hatten.« Kevin lacht, die Chefin rückt sich die Brille zurecht. Ich spreche weiter. »Und Beschaulichkeit ist eine gemütliche Stimmung, in der man zuschauen und dabei auch noch chillen kann, ohne was zu tun.«

Jetzt lachen alle bis auf den Kunz, der bleibt mal wieder bierernst. »Mit Verlaub, ich sehe das anders als der Präsident der Bundesakademie für Sicherheitspolitik«, widerspricht er. »Da unterliegt Herr Brose dem Irrtum, dass sich Führungsstärke durch schnelle Entschlüsse auszeichnen würde. Das, worauf es am Ende des Tages ankommt, sind *richtige* Entscheidungen der Regierenden. Selbst wenn die etwas länger dauern, sind sie allemal besser als Schnellschüsse, die sich dann als falsch erweisen. Der Kanzler ist nicht nur den Menschenrechten in fremden Staaten verpflichtet, sondern primär der eigenen Nation.«

Nationalistische Töne nerven mich, doch ich will deswegen kein Fass öffnen, weil ich dadurch mein Fremdsein erst recht betone. Widersprechen muss ich dem Kunz aber schon. »Ich kann gut verstehen, was Kevin beim Kanzler nervt«, sage ich. »Die meisten Politiker sind laute Menschen, die zu allem etwas sagen müssen, auch da, wo sie gar nicht durchblicken. Und ihren Worthülsensalat servieren sie dann auch noch mit einer XL-Portion Emotion, damit sie menschlich rüberkommen. Da finden es viele zur Abwechslung mal angenehm, dass der Kanzler so cool ist wie eine Packung Eiswürfel. Es gibt doch dieses deutsche Sprichwort: ›Stille Wasser sind tief.‹ Manchmal ist das stille Gewässer aber einfach nur trübe – und deshalb sieht man nicht, wie flach es in Wirklichkeit ist.«

Kevin dreht sich zu mir und klatscht dreimal in die Hände. »Wow, Amira, du hast Megasprüche drauf. Das ist die Hundert-Prozent-Beschreibung von Olaf. Und außerdem die Erklärung, warum so einer überhaupt Bundeskanzler werden konnte.« Kevin sieht mir tief in die Augen, und ich werde ganz verlegen.

Frau Doktor schaut zwischen Kevin und mir hin und her. Ihr linker Mundwinkel zuckt, als würde sie sich heimlich amüsieren.

Wieder überrascht uns Frau Luxner: »Mitunter ist keine Entscheidung die schlechteste Entscheidung. David konnte Goliaths Stirn nur treffen, weil er sofort den Stein zur Hand hatte und nicht zögerte. Und dann zielte, bevor der Riese ihn in seiner Faust zerquetscht hätte wie einen Käfer.«

Manchmal ist die Luxner eine richtig weise Frau. Eine der Helferinnen hat mir im Vertrauen erzählt, dass sie früher beruflich Ingenieurin war, sogar mit Doktor. In einem wissenschaftlichen Zentrum hat sie geforscht, wie man mit radioaktiven Stoffen Krankheiten entdecken oder behandeln kann. Die Pensionierung tat ihr nicht gut; und als vor ein paar Jahren ihre Tochter Leonie nach Australien ausgewandert ist, ging es bergab, nur das Gewicht ging nach oben. Für manche Oldies wird Essen eben zum einzigen Vergnügen, wenn im Alter Sex und Erfolg wegfallen.

»Schöne Metapher«, lobt der Professor. »Aber David gegen Goliath funktioniert nur in der Bibel, denn auch ein bewaffneter Zwerg bleibt ein Zwerg.«

Frau Glueck nickt, Kevin schüttelt den Kopf, und eine gegelte Haarsträhne fällt ihm in die Stirn. »Das ist ein Denkfehler, Herr Historiker! Sie sollten mal Ihr verkrustetes Mindset updaten!

Sie gehen nämlich von der falschen Voraussetzung aus, kriegsentscheidend sei die Quantität und dabei ignorieren Sie die Qualität.«

An Wissmers linker Schläfe sieht man eine Ader pochen. Zweifel an seiner Intelligenzpotenz kann er nicht gut ab.

Lässig lümmelt sich Kevin in seinem Stuhl zurecht und redet weiter: »Zahlenmäßig sind die russischen Streitkräfte mit 850.000 versus 200.000 Mann der ukrainischen Armee überlegen und haben das bessere Equipment. Aber die russischen Kommandostrukturen sind schlecht koordiniert, und viele einfache Soldaten oder Wehrpflichtige wissen gar nicht, dass sie in einen Krieg müssen. Dagegen hat sich die Ukraine intensiv auf diesen Angriff vorbereitet, ihre Soldaten sind top ausgebildet und bis in die Haarspitzen motiviert. Sie haben außerdem jede Menge Freiwillige, die sich in Waffengebrauch unterweisen lassen und mitkämpfen. Insgesamt verfügen sie über eine hochmoderne Kommunikationstechnologie und sind bestens dezentral vernetzt. Die Ukrainer hätten also durchaus eine Chance, die Russen zurückzuschlagen, wenn man ihnen entsprechende Waffen zur Verfügung stellt, als Erstes Flugabwehrraketen, die sind nämlich eine moderne Version von Davids Steinschleuder. Als schultergestützte Waffe hat zum Beispiel die Stinger eine Reichweite von bis zu sechs Kilometern und verfolgt selbstständig ein erfasstes Ziel, zum Beispiel Flugzeuge und Hubschrauber, die in einer Höhe von bis zu 3.000 Metern fliegen. Sie kann von jedem bedient werden, der es schafft, sechzehn Kilo zu stemmen.«

Kevins Performance ist knochentrocken und kompetent. Wir sind erst mal überrumpelt und rutschen auf den Stühlen herum. Die Glueck sagt: »Das klingt bedenkenswert. Was die Regierung betrifft, finde ich, man soll abwägen; man darf zögern, aber man muss solches Zögern erklären.«

»Da bin ich ganz bei Ihnen«, schleimt der Kunz. »Ein Argument gegen Waffenlieferungen an die Ukraine ist allerdings, dass sie die Dauer des Krieges verlängern. Selbst mit zusätzlichem Gerät kann die Ukraine der zahlenmäßigen Überlegenheit des Gegners an Mannstärke und Feuerkraft auf Dauer nichts entgegensetzen. Auch mit weiteren Waffen wird irgendwann die Kapitulation unvermeidlich, doch bis dahin werden noch mehr Menschen sterben. Außerdem wird es eine weltweite Wirtschaftskrise geben, die umso einschneidender ist, je länger der Krieg dauert.«

Frau Glueck runzelt die gefärbten Augenbrauen, und über ihrer Nase erscheint eine tiefe Zornesfalte. »Das erinnert mich an den Zynismus der Engländer oder Schweden zu Beginn der Coronapandemie. Da haben einige Politiker erst mal eine schnelle Durchseuchung mit vielen Toten in Kauf genommen, da sie dachten, so könnten sie mit einer Herdenimmunität die Pandemie abkürzen. Habe ich recht, Frau Doktor?«

Da kann sich Frau Doktor nicht drücken. »Schon, aber die Engländer haben das schnell wieder zurückgenommen«, sagt sie. »Mir fällt dazu eher ein anderes Bild ein: Soll man eine Krebstherapie unterlassen, weil man sich vor den Nebenwirkungen fürchtet?«

»Kommt drauf an«, sagt Herr Kunz, »wenn man schon vorher weiß, dass der Krebs unheilbar ist ...«

»Das kann man vorab aber meist nicht wissen«, hält die Chefin dagegen. »Selbst wenn eine vollständige Heilung unwahrscheinlich ist, kann man die Erfolgsaussichten einer Behandlung oft nicht einschätzen. Sobald es eine kleine Chance gibt, länger und besser zu leben, und der Betroffene bereit ist, dafür zu kämpfen, wird man ihm eine Therapie nicht vorenthalten.«

Alle nicken, bis auf Kira. »Allerdings mit dem Unterschied, dass bei der Krebsbehandlung nur der Patient die Nebenwirkungen abkriegt – im Krieg dagegen auch die Helfenden.«

Das ist leider logisch. Eins zu null für Kira. Was mich natürlich ärgert, deshalb muss ich der Chefin beispringen. »Wenn ich Frau Doktor richtig verstanden habe, geht es aber erst mal um die Patienten, oder im Krieg um die Betroffenen – und nicht darum, wie sich die fühlen, die ihnen helfen. Als ich nach Deutschland kam, habe ich gelernt, dass man sich auch in einem freien Land nicht aussuchen kann, ob man einem beisteht, der in Not ist, oder ob man das bleiben lässt, weil man lieber an sich denkt. Und dass man sich mit unterlassener Hilfeleistung sogar strafbar macht.«

Der Blick, den mir die Chefin zuwirft, lässt mein Herz einen Hopser machen. Und noch einen höheren, als sie sagt: »Besser kann man es nicht zusammenfassen. Wir sollten diese Gedanken mit nach Hause nehmen und uns überlegen, wie wir unter Abwägung verschiedener Gesichtspunkte dazu stehen. Aber heute Abend wollen wir uns dem Thema *Verbesserung der Energiebilanz durch Bewegung* zuwenden.«

»Bewegung ist gut«, sagt Frau Luxner. »Wussten Sie, dass ich früher einmal einen schwarzen Gürtel in Judo hatte?«

14. April

Nationalneurosen

Der Hypertonus* von Herrn Wissmer ist nicht optimal eingestellt. Er selbst nimmt das nicht schwer und vertritt die These, in diesen Zeiten könne ein sensibler Mensch gar keinen normalen Blutdruck haben. Eine treffende Feststellung, nie habe ich so viele stressbedingte psychosomatische Störungen gesehen wie in den letzten zwei Jahren. Ich bestehe darauf, ihm ein zusätzliches Blutdruckmedikament zu verschreiben. Der Professor ist heute mein letzter Patient vor der Gruppensitzung. Gerne nehme ich mir etwas mehr Zeit und plaudere mit dem charmanten Old-School-Gentleman, für den eine umfassende humanistische Bildung noch erstrebenswert und nicht ein überflüssiges Relikt vergangener Zeiten ist. Als Historiker hat Herr Wissmer eine differenzierte Perspektive auf die Politik. Durch die Analyse vergangener Ereignisse kann er aktuelle Entwicklungen in einer Weise erklären, die dem historischen Laien das Gefühl vermittelt, mit einer neuen Brille bislang Undurchdringliches plötzlich scharf zu sehen.

Ich frage ihn, wie er es einschätze, dass Kiew den Bundespräsidenten vor dessen geplantem Besuch der

Ukraine zur unerwünschten Person erklärt und kurzerhand ausgeladen hat. Herr Wissmer antwortet mit wissendem Lächeln. »Ihrer Diktion entnehme ich, dass Sie sich darüber geärgert haben, Frau Doktor.«

Ich widerspreche nicht. »Sie auch?«

»Nicht wirklich. In meinem Alter ärgert man sich über mangelnde Klugheit nur noch, wenn sie bewusst bösartig ist. Das Staatsoberhaupt der größten europäischen Gebernation auszuladen, stellt eine so krasse Verletzung der diplomatischen Etikette dar, dass es fast schon wieder sympathisch ist.«

»So habe ich das noch nicht betrachtet ...«

»Nationalneurosen sind nicht ungewöhnlich, auch wir Deutsche sind nicht nur für unsere Zwanghaftigkeit berühmt. Das altostslawische Wort *Ukraina* bedeutet Grenz- oder Randgebiet. Dies Gefühl der Randständigkeit verursacht ein Identitätsproblem. Abgesehen von der Phase des Kiewer Rus war das Land über lange Perioden seiner Geschichte Bestandteil anderer Nationalstaaten, wie etwa von Litauen, Polen, des Habsburger Reichs und letztlich der Sowjetunion. Erst nach deren Auflösung haben sich die russische und die ukrainische Republik wechselseitig als unabhängige Nation anerkannt – das ist gerade mal zwei Jahrzehnte her, da ringt eine junge Nation noch um ihre Souveränität.«

Der grüne Stauschlauch quetscht die Haut des Professors über dem Bizeps in runzelige Falten, er zuckt

kurz, als ich ihm die Kanüle in die pralle Ellenbeugen-
vene steche, und wird ziemlich blass um die Nase. Im
Eifer des Gespräches habe ich versäumt, ihn zur Blut-
abnahme auf die Liege zu bitten, worauf ich sonst bei
Männern meist bestehe. Also versuche ich ihn abzu-
lenken. Ob er meine, Putin sei ein unfreiwilliger Ent-
wicklungshelfer für die nationale Identitätsfindung der
Ukraine?

Die Farbe kehrt in sein Gesicht zurück. »Sie sagen es,
Frau Doktor, und nicht nur für deren eigene Identität.
Auch die Wahrnehmung der Ukraine durch die anderen
Nationen hat sich verändert. Ein Kollege, der auf ukrai-
nische Geschichte spezialisiert ist, drückte das so aus:
Bis vor Kurzem sei die Ukraine ein weißer Fleck auf der
mentalen Landkarte des Westens gewesen. Nicht nur
Putin und Co. sahen das zweitgrößte Land Europas als
Russlands *kleine Schwester* an; auch von anderen
Nationen wurden die Ukrainer nicht als eigenständiges
Volk, sondern eher als Ex-Russen wahrgenommen. Das
mag teilweise auch die fehlende Bereitschaft erklären,
die Ukraine in die EU aufzunehmen. Wahrscheinlich
ärgert Putin sich besonders darüber, dass Europa die
abtrünnige kleine Schwester nun als souveränen Staat
und nicht mehr als russisches Anhängsel betrachtet.«

Ich ziehe die Nadel heraus und gebe Herrn Wissmer
einen Tupfer in die Hand, den er erleichtert auf die
Einstichstelle presst. »Bitte zwei Minuten drücken«,

ordne ich an. »Glauben Sie, dass dieser Blutsverwandt-schaftswahn Putins Brutalität noch befördert?«

»Durchaus möglich«, antwortet Herr Wissmer nachdenklich. »Ein Lebensthema von Putin ist Verrat – und den nimmt man vermeintlich Verwandten besonders übel. Aber das Hauptmotiv für sein erbarmungsloses Vorgehen ist der Wunsch, einen historischen Fehler rückgängig zu machen. Die Auflösung der Sowjetunion bezeichnet er unverblümt als ›größte geopolitische Katastrophe des 20. Jahrhunderts‹. Neulich las ich die treffende Beschreibung, Putin sehe sich selbst als *Geschichtsvollzieher*.«

»Passt genau! Aber ich würde gerne noch mal auf Ihre Meinung über Selenskyjs Ausladung unseres Bundespräsidenten zurückkommen. Wenn ich Sie richtig verstehe, sehen Sie ihm also seine Ruppigkeit gegen unser Staatsoberhaupt nach, weil Sie von einer nationalneurotisch bedingten Verminderung seiner Schuldfähigkeit ausgehen?«

Wissmer lacht schallend, dabei vergisst er das Drücken, und ein fetter Blutstropfen kleckert auf den Boden. »Diesen Terminus sollte man ins Völkerrecht übernehmen.« Er zieht ein Papiertaschentuch aus der Jacke, wischt sorgfältig den Tropfen vom Boden auf und drückt sich das schmutzige Teil auf den Arm. Ich nehme es ihm ab und sprühe Alkohol auf seine Haut. Er bedankt sich und fährt mit ernster Stimme fort, bei Selenskyj sei auch dessen jüdische Abstammung zu bedenken und dass Deutschland unter Steinmeiers Ägide als Außenminister jahrelang einen russischen Präsidenten hofiert habe, der nicht nur der Ukraine ihr Überlebensrecht als selbstständige Nation abspreche, sondern der auch noch verkünde, das Land von einer Nazi-Regierung befreien zu müssen.

Ich klebe ihm ein Pflaster auf den Stich und frage, ob eine solche Anschuldigung nicht zu absurd sei, um sich davon betroffen zu fühlen?

»Ihr Einwand ist logisch«, antwortet Wissmer. »Doch beim Thema deutsch-jüdischer Vergangenheitsbewältigung versagt mitunter die Psycho-Logik. Immerhin sind in der Nazizeit ungefähr anderthalb Millionen ukrainischer Juden ermordet worden; Allein in Babyn Jar kamen 1941 innerhalb von zwei Tagen ungefähr 33.000 Männer, Frauen und Kinder um. *Holocaust by bullets* nannte man das später.«

Der Blick von Herrn Wissmer ist plötzlich starr, sein Gesicht maskenhaft eingefroren. Ich spüre seinen Schmerz, der mich mein Taktgefühl vergessen und spontan fragen lässt, ob er selbst auch …? Ich beiße mir auf die Zunge.

Er klingt tieftraurig, als er nach einigen Sekunden antwortet. »Nein, ich selbst habe keine jüdischen Wurzeln, aber meine Frau, und auch in ihrer Familie hat die Shoah gewütet.«

Ich ahne, dass in diesem Augenblick seine Trauer primär der verstorbenen Frau gilt, und will ablenken. »Das tut mir leid«, sage ich und berühre kurz seine Hand, eine Geste, die ich mir in Pandemiezeiten nahezu abgewöhnt habe. »Darf ich Ihnen trotzdem eine Frage stellen, die man sich dieser Tage kaum auszusprechen traut?« Wissmer lächelt, sein Gesicht ist wieder aufgetaut. »Nur zu, Frau Doktor.«

Ich will wissen, wie er die Unterstellung einschätzt, zwischen den Besatzern und der Ukraine habe nicht nur eine beträchtliche Kollaboration bestanden, sondern auch eine nicht unerhebliche Beteiligung der Einheimischen an der Judenvernichtung?

»Da ist sich die Wissenschaft nicht einig; unter anderem, weil die Geschichtsschreibung, besonders in der Sowjetunion, den Holocaust über Jahrzehnte systematisch ausgespart hat. Das sogenannte ›Schwarze Buch‹, eine Dokumentation über die Naziverbrechen gegen die jüdische Bevölkerung, wurde kurz vor der Drucklegung vom Zentralkomitee der UdSSR verboten, unter anderem mit der Begründung, dass dort zu viel über Kollaboration berichtet und somit die deutsche Verantwortung geschmälert werde. Angeblich gab es in der Ukraine vierzig- bis fünfzigtausend Kollaborateure, unter anderem nationalistische Polizeibataillone. Die Milizen der Organisation ukrainischer Nationalisten beteiligten sich an Pogromen, sie assistierten auch bei

Pogromen und bei der Organisation und Durchführung von Massenerschießungen.«

»Wenn man Botschafter Melnyk und anderen ukrainischen Politikern zuhört, ist davon aber nie die Rede«, wende ich ein.

Herr Wissmer stimmt zu. »Aber man muss den Ukrainern zugutehalten, dass sie selbst am meisten unter den Nazis zu leiden hatten. Neben den acht Millionen, die ums Leben kamen, wurden auch zwei Millionen ukrainische Zwangsarbeiter ins Deutsche Reich deportiert. Das entsprach dem Geist des Wehrmachtsbefehls vom März 1943 zur Behandlung der Zivilbevölkerung in der Ukraine, in dem es hieß: *Wir sind ein Herrenvolk und müssen erkennen, dass der geringste deutsche Arbeiter rassisch und biologisch tausendmal wertvoller ist als die hiesige Bevölkerung.*«

Ich danke Herrn Wissmer für diese deprimierende, jedoch bereichernde Horizonterweiterung, und er lächelt wieder; seine Schwermut weicht erneut der üblichen Heiterkeit, die er sich in den vergangenen Jahren mühsam zurückerobert hat.

Für den Ruhestand hatte der Professor geplant, mit seiner zweiten Frau die Welt zu bereisen. Sie war die späte Liebe seines Lebens, der er Jahre nach einer schmutzigen Scheidung begegnet war, als er sich bereits auf ein dauerhaftes Singledasein eingestellt und in seiner wissenschaftlichen Arbeit vergraben hatte. Sie war seine Lektorin für ein Fachbuch über osteuropäische Geschichte. Nachdem er sie kennen und lieben gelernt hatte, ließ sein publikatorischer Ehrgeiz nach, und er unternahm mit seiner neuen Partnerin zahlreiche Studienreisen in sämtliche Kontinente. Zum letzten Geburtstag schenkte Herr Wissmer seiner Frau eine halbjährige Reise um die Welt. Kurz danach schlug das Schicksal zu. Die begeisterte Reiterin stieß im Wald auf eine Horde Wildschweine, ihr Pferd scheute und warf sie ab, sie prallte mit dem Kopf auf einen Baumstumpf. Sonst unverletzt erlangte sie das Bewusstsein nie wieder und starb nach vier Monaten im Koma. Zusätzlich zur tiefen Trauer empfand ihr Mann als besonders schmerzlich, dass ihnen ein bewusstes Abschiednehmen versagt geblieben war. Nach der Pensionierung begann der Professor – bis dato stets wie aus dem Ei gepellt – sein Äußeres zu vernachlässigen und sich von Pizza und sonstigem Junkfood zu ernähren, das er mit unbekömmlichen Mengen an Wein und Bier hinunterspülte. Er nahm zu und erkrankte an Bluthochdruck.

Doch nun ist Herr Wissmer auf dem Rückweg ins Leben. Stolz steigt er von der Waage, die wieder zwei Kilo weniger anzeigt.

⋈

Panzerpussys an die Front

Die Gruppe verstummt, als die Chefin mit dem Professor eintritt. Adrenalin liegt in der Luft. Frau Glueck strahlt ihren Prof an.

»Schön, dass Sie beide da sind«, sagt sie. »Wir haben kontrovers diskutiert und brauchen Ihre ärztliche Meinung, Frau Doktor. Finden Sie etwa auch, dass für Geflüchtete aus der Ukraine eine Impfpflicht eingeführt werden sollte?«

Frau Doktor bläht die Nasenflügel. Kira erklärt: »Ich wäre dafür. Auf meiner Schule sind jetzt auch Ukrainer. Einer in meiner Klasse ist ein Muko, und wenn der sich mit Covid ansteckt, kann er an Lungenentzündung sterben oder mindestens sein Abi knicken. Ich habe das recherchiert, weniger als vierzig Prozent der Ukrainer waren vor Kriegsausbruch zweimal geimpft, und unter zwei Prozent haben einen Boost.«

Das verspricht Streit – und damit Stoff für Frau Doktors Buch.

»Mit der niedrigen Impfquote der Ukrainer haben Sie recht«, antwortet die Chefin. »Gestatten Sie mir aber erst mal eine Anmerkung, Kira: Einen Mukoviszidose-Patienten* ›Muko‹ zu nennen ist so despektierlich wie die Bezeichnung ›Mongo‹ beim Down-Syndrom*.«

Kira wird knallrot, ihre Schwester ist ein Downie. Frau Doktor redet weiter: »Und was die Impfung betrifft, habe ich nie einen Hehl daraus gemacht, dass ich mir eine allgemeine Impfpflicht gewünscht hätte; doch die hat der Bundestag ja bekanntlich vorletzte Woche abgelehnt ...«

»Abgelehnt für deutsche Bürger und Steuerzahler«, wirft Herr Kunz dazwischen und kassiert böse Blicke. »Und natürlich für Menschen, die dauerhaft hier leben. Man sollte mündige Bürger überzeugen und nicht zwingen. Wir sind ja ganz überwiegend geimpft, und unsere Coronainzidenz ist rückläufig.«

Alle schauen wieder zu Frau Doktor.

»Wenn sämtliche sogenannten mündigen Bürger sich mit vernünftigen Argumenten überzeugen ließen, hätten wir nicht ein Viertel Ungeimpfter im Land«, antwortet sie. »Und rückläufig ist nur die Zahl der *offiziell gemeldeten* Infektionen. Unter anderem, weil wir viel weniger testen und nur positive PCR-Tests registriert werden. Zweimal geimpft sind in unserem Lande, Stand heute, sechsundsiebzig Prozent, und nur neunundfünfzig Prozent haben einen Boost. Da die Antikörper nach drei Monaten wieder abfallen, haben also ungefähr vierzig Prozent keinen vollen Impfschutz. Das zeigt sich auch darin, dass dem RKI heute wieder 165.000 Coronafälle und 310 Tote gemeldet wurden. Das ist zwar weniger als auf dem Höhepunkt der Welle, allerdings hat Deutschland nach Südkorea derzeit weltweit die höchste Zahl an Neuinfektionen.«

»Das wusste ich nicht, Frau Doktor, da war ich wohl unpräzise«, rudert der Kunz zurück. »Aber wäre eine Impfpflicht für Geflüchtete dann nicht umso wichtiger, wenn so viele Ukrainer ungeimpft sind? Gerade auf der Flucht haben sie oft längere Zeit unter sehr beengten Umständen mit vielen anderen gelebt. Da sollten die doch froh sein, wenn sie unseren guten Impfstoff angeboten kriegen.«

»Also wirklich!«, schimpft Frau Glueck. »Stellen Sie sich mal eine junge Mutter vor, die womöglich Angehörige sterben sah und miterlebt hat, wie ihr Heim zerbombt wurde. Dann musste sie ihren Mann zurücklassen und sich unter Lebensgefahr mit ihren Kindern auf der Flucht zu uns durchschlagen. Als sie endlich in Sicherheit ist, heißt es: ›Willkommen in Deutschland, aber bitte erst Ärmel hochkrempeln!‹ Wollen Sie etwa Menschen, die sich dazu nicht entscheiden können, dann wieder zurückschicken?«

»Natürlich nicht«, antwortet Herr Kunz unwirsch. »Aber erst mal in Quarantäne. Und man könnte schon fragen, ob Ungeimpfte dann die vollen Leistungen des deutschen Sozialsystems erhalten.« Er sieht Frau Doktor fragend an, aber die reagiert nicht.

Der Kunz kommt richtig in Fahrt. »Kein Wunder, dass Autokraten unsere Demokratie belächeln. In deren Systemen gilt als maximale Freiheit, wenn man es überlebt, anderer Meinung zu sein. Bei uns ist Freiheit das

Recht, Mitmenschen zu schaden, um individuelle Ansprüche durchzusetzen.«

Jetzt kommt die Chefin doch aus der Deckung. »Da kann ich Ihnen nicht widersprechen«, sagt sie. »Und oft habe ich den Eindruck, dass wir das zu wenig schätzen. Aber solange bei uns ungeimpfte Deutsche auf Kosten der Allgemeinheit an die künstliche Lunge kommen, kann man Geflüchteten, die knapp dem Tode entronnen sind, wohl kaum die Sozialleistungen verweigern und sie auch noch Not leiden lassen?«

Frau Glueck springt ihr bei. »Mal ganz abgesehen davon, wie die Geflüchteten im Gegensatz zu unseren Ungeimpften schon vorher gelitten haben und dass sie ihrer Heimat oft schon beraubt wurden, ehe sie die Flucht antraten. Die Heimat zu verlieren ist ein unterschätztes Trauma. Habe ich recht, Amira?«

Wie ich das hasse! Aber gar nicht antworten geht auch nicht. »Heimat wird eher überschätzt«, höre ich mich sagen. »Heimat ist, wo man ins Bett geht, ohne die Angst, nicht mehr lebend aufzuwachen.«

Jetzt guckt die Glueck betroffen. »Das kann ich verstehen. Aber sehnen sich nicht alle Menschen nach ihren Wurzeln?«, fragt sie und schaut mich dabei mitleidig an, was ich schon gar nicht vertragen kann.

»Wurzeln können auch Fesseln sein«, antworte ich. »Je tiefer sie reichen, desto weniger kann man wandern.«

Ich glaube, die Glueck ist ein bisschen enttäuscht, dass ich ihr Mitgefühl so abgebügelt habe. »Wie auch immer«, sagt sie. »Ukrainische Mütter bringen ihre Kinder vor einem tödlichen Krieg in Sicherheit und haben unsere volle Unterstützung verdient.«

Das sehe ich zwar auch so, aber manchmal denke ich, überall redet man über Flüchtlinge aus der Ukraine oder Ortskräfte aus Afghanistan und ihre Familien. Dass noch immer die meisten Menschen aus Syrien fliehen, wo der Krieg genauso brutal weiterwütet, ist aus den Köpfen der Menschen verschwunden.

»Aber irgendwie überlassen Flüchtlinge auch den anderen das Kämpfen«, geht Kira dazwischen, und ich würde ihr am liebsten eine scheuern.

»Die geretteten Kids sind auch die Kinder von Vätern«, sagt sie. »Aber weil die Väter Männer sind, dürfen sie das Land nicht verlassen. Man redet immer von Gleichberechtigung. Frauen dürfen Kanzlerin, und als NATO-Generalsekretärin hätte man die Merkel auch gerne angeworben. Väter dürfen Erziehungsurlaub. Ist es da nicht logisch, Frauen ebenso in die Verteidigungspflicht zu nehmen? Bezweifelt jemand, dass wir genauso gut zielen können wie Kerle?«

Unfassbar, dass Kira eine Kriegspflicht für Frauen propagiert. Ausgerechnet sie, die sonst immer nach Frauen*rechten* schreit und manchmal ganz männerfeindlich klingt.

»Kira, die Kriegsgeile«, höhnt Kevin. »Frauen können vielleicht zielen, aber sie haben nie gelernt, auf dem Schlachtfeld zu kämpfen. Deshalb ist es im Sinne der Gleichberechtigung vielleicht nicht *logisch,* dafür aber *bio*-logisch sinnvoll, dass man sie tun lässt, was sie können. Deine weibliche Logik soll einer verstehen. Wehe, wenn jemand angeblich Frauen diskriminiert – aber in die Schlacht schicken soll man sie. Glaubst du, so wird die Welt besser?«

»Kann durchaus sein«, kontert Kira. »Wenn Frauen genauso kämpfen müssten wie Männer, dann würden sie vielleicht die Kerle davon abhalten, einen Krieg überhaupt anzufangen. Norwegen und Schweden sind total friedliche Nationen, trotzdem gibt es eine Wehrpflicht für Frauen.«

Ich finde es zum Kotzen, wenn verwöhnte Menschen, die noch nie einen Krieg erlebt haben, so tun, als wäre es ein Sport, um die eigene Haut zu kämpfen. »Eine Wehrpflicht für Frauen gibt es auch in Israel«, antworte ich. »Ist das etwa ein friedliches Land? Und in Eritrea ist der Wehrdienst für Männer und Frauen unbefristet und Vergewaltigung beim Militär an der Tagesordnung. Glaubt jemand, das wäre Gleichberechtigung?«

Es ärgert mich, dass mir so der Gaul durchgegangen ist. Die Chefin hat das wohl gemerkt und wechselt das Thema. »Eigentlich ging es in unserer Diskussion aber nicht um Wehrpflicht, sondern darum, dass Männer ihr

Land nicht verlassen dürfen und damit ihr Leben riskieren müssen, während Frauen ausreisen können.«

Frau Glueck sagt: »Ich habe mich immer für Gleichberechtigung eingesetzt, aber man darf auch die Unterschiede zwischen den Geschlechtern nicht ignorieren. Durch ihre soziale Intelligenz sind Frauen an politischen Schaltstellen der Macht sicher dem Friedenserhalt dienlich. Dennoch ist es eine Tatsache, dass wir weniger zur Aggressivität neigen. Das ist prinzipiell zwar eine positive Eigenschaft, die in einem Krieg aber auch von Nachteil sein kann.«

»Vielleicht sind Frauen Ihrer Generation da ein bisschen altmodisch«, ätzt Kira. »Aber durchaus nicht alle. Sogar Alice Schwarzer, die ja sogar etwas älter ist als Sie, hat schon vor zwei Jahren in der *Emma* einen Artikel über die Wehrpflicht für Frauen geschrieben. Sie sagt zu Recht, dass es in Zeiten der Gleichberechtigung keine Argumente mehr zugunsten einer Wehrpflicht ausschließlich für Männer gibt.«

Die Glueck ist stocksauer, wahrscheinlich weil Kira behauptet, die Schwarzer sei *etwas* älter als sie. Ich hab die neulich in einer Talkshow gesehen und gegoogelt, sie ist neunundsiebzig.

Kira sagt: »Bei vielen alten Menschen kann man sich nicht vorstellen, dass sie mal progressive Jugendliche waren. Aber wenn man sich bei der Schwarzer ein paar Kilos und viele Falten wegdenkt, kann man sich vorstellen, dass sie eine Wilde war, mit heißem Herzen und skalpellscharfem Verstand. Und nun hat ihr die Altersweisheit noch eine Portion Pragmatismus verpasst. Von der kann man richtig was lernen.«

»Lernen tut Ihnen sicher gut«, giftet die Glueck. »Wussten Sie zum Beispiel, dass Alice Schwarzer eine glühende Pazifistin ist?«

Jetzt macht der Professor auf Mediator. »Ich war nicht immer einer Meinung mit Frau Schwarzer«, sagt er, »aber sie ist eine kluge Frau und hat vielleicht eingesehen, dass auch der Pazifismus eine Zeitenwende erfährt: Bislang konnten wir es uns leisten, Pazifisten als diejenigen zu betrachten, deren Dogma der Gewaltfreiheit dem Frieden dient. Vielleicht müssen wir nun umdenken und erkennen, dass Frieden sich derzeit nur bewahren lässt, wenn wir uns notfalls mit Waffen denen entgegenstellen, die ihn und uns bedrohen.«

»Halleluja, dass die Großmutter der Frauenbewegung und ein pensionierter Professor das auch so sehen«, wirft Kevin lässig ein. »Man muss die Waffen schließlich auch beherrschen. Und wenn die ukrainischen Männer sich im Ausland in Sicherheit bringen dürften und die Frauen kämpfen müssten, dann hätte Putin zuerst Kiew und dann das ganze Land in einem Blitzkrieg gefrühstückt.«

»Macho«, zischt Kira. »Klar, dass ihr Kerle es spannender findet herumzuballern, statt euch in irgendwelchen Kellern um Kinder und hilflose Mitmenschen zu kümmern oder Verwundete zu versorgen. Das heißt aber noch längst nicht, dass ihr besser kämpfen könnt. Mit der Streitaxt haben eure paar Männermuckis vielleicht einen Unterschied gemacht, aber Hightech bedient man mit Hirn und Geschicklichkeit.«

»Na dann«, murmelt Kevin. »Panzerpussys an die Front!«

Kira ballt eine Faust und lässt den Mittelfinger emporschnellen. Frau Glueck presst den Mund so heftig zusammen, dass sich die Fältchen über ihrer Oberlippe zu einer zerfurchten Hügellandschaft kräuseln. Die beiden Herren verbeißen sich kopfschüttelnd das Grinsen. Die Chefin auch, aber ihr reicht es jetzt. »Derzeit sprechen wir immer von De-Eskalation. Mir scheint, dafür ist es auch bei uns an der Zeit. Deshalb sollten wir mit dem Kursthema beginnen. Auf dem Programm steht heute: *Eiweißbedarf und Muskelaufbau.*«

29. April

Wer spielt, futtert nicht

Frau Glueck lächelt glücklich, als die Waage zweiein-halb Kilo weniger zeigt und ich ihr erkläre, auch ihre Blutfette seien nur noch minimal erhöht. Stolz berichtet sie, wie gut sie sich fühlt, seit sie sich zweimal pro Woche mit einer Kollegin zum Nordic Walking trifft und jeden Donnerstag schwimmen geht, mittlerweile schafft sie tausend Meter ohne Pause.

Marlene Glueck ist eine wackere Person. Ihr Mann war mit Mitte vierzig an Leukämie erkrankt; sechs Jahre nach der vermeintlichen Heilung durch Chemotherapie und Bestrahlung erlitt er einen Rückfall. Nach erfolg-loser Zweitbehandlung benötigte er eine Knochen-markstransplantation. Bis sich ein Spender gefunden hatte, war er ein psychisches Wrack, und nach der Transplantation blieb sein Überleben wegen schwerer Nebenwirkungen lange auf der Kippe. Seine Frau stand ihm in allen Phasen felsenfest zur Seite und motivierte ihn immer wieder, nicht aufzugeben.

Nachdem das Schlimmste überstanden und die Erkrankung vorläufig besiegt schien, hatte sich Herr Glueck in einer mehrwöchigen Reha erholt, wo er sich in eine polnische Physiotherapeutin verliebte, die prompt schwanger wurde. Er verließ seine Frau nach zwanzig Jahren Ehe. Der Schlag traf Frau Glueck umso härter, als sie darunter litt, dass ihr sehnlicher Kinderwunsch unerfüllt geblieben war; eine reproduktionsmedizinische Intervention hatte ihr Mann immer abgelehnt.

Nachdem der werdende Vater aus der ehelichen Wohnung ausgezogen war, fiel Frau Glueck zunächst in eine tiefe Depression, die sie mit Essen und dem exzessiven Genuss von Süßigkeiten bekämpfte, was ihr eine Gewichtszunahme von zwanzig Kilo bescherte, die sie noch mehr deprimierte. Außerdem streikte ihre Bauchspeicheldrüse, sie entwickelte einen Typ-2-Diabetes*. Das Alleinsein hielt sie schwer aus, konnte aber auch keine Menschen um sich ertragen. Der gemeinsame Freundeskreis wandte sich nach anfänglichen Ankündigungen, beiden Parteien gleichermaßen verbunden zu bleiben, dem Exgatten zu, dessen neuer Lebensfreude die depressive Verlassene nichts entgegensetzen konnte. Frau Glueck floh in die Suchtverschiebung und begann zu spielen. Irgendwann gestand sie mir, im Spielsalon fühle sie sich am wohlsten; dort könne sie unter Menschen sein, ohne mit ihnen in Kontakt treten zu müssen. Und gesund sei es auch noch, da sie beim Spielen keinen Hunger verspüre. »Wer spielt, futtert nicht.«

Nachdem sich in der Schule entsprechende Gerüchte verbreiteten und sie einen erheblichen Teil ihrer Ersparnisse verzockt hatte, konnte ich sie zu einer Psychotherapie überreden, die sie dazu brachte, sich am eigenen Schopf aus dem Sumpf zu ziehen. Sie stockte ihre Arbeitszeit in der Realschule auf und stürzte sich in die ehrenamtliche Nachhilfe für geflüchtete Kinder. Nun ist sie zurück im Leben und will mit diesem Kurs etwas für ihre körperliche Integrität tun.

⋈

Die Drohung

Frau Benz hat vorgeschlagen, die Fenster offen zu lassen, wenn uns das nicht zu kühl sei. Dann könnten wir die Masken absetzen. Frau Doktor würde ein bisschen später kommen. Manchmal glaube ich, die Chefin macht das mit Absicht und verlässt sich auf mein ›gutes Gedächtnis‹.

Heute ist die ganze Truppe wieder ziemlich aufgeregt. Herr Kunz sagt: »Ich finde es eine Unverschämtheit, dass die Amis auf deutschem Boden die NATO zu einem Gipfeltreffen einladen. Und dann wurde vor den Augen der Öffentlichkeit über Waffenlieferungen an die Ukraine gesprochen. Kein Wunder, dass Putin daraufhin droht, sein Land würde ›blitzschnell reagieren‹, sollte sich ›jemand in den Krieg direkt einmischen‹. Wenn auf Ramstein eine Bombe explodiert, sind wir alle vaporisiert. Die deutsche Regierung hätte verhindern müssen, dass die Amerikaner eine solche Provokation ausgerechnet bei uns inszenieren. Echt ein Unding!«

Das Wort »Unding« finde ich lustig, denn das Gegenteil von einem *Ding* ist *kein Ding*, also nichts, worüber man sich so ärgern muss. Das Aufregen als Message gehört für Politiker wohl immer dazu, wenn Leute anwesend sind, die irgendwann Wähler sein werden. Wenn man den Menschen nicht richtig sagen kann, *wofür* man ist oder wie man es besser machen will, muss man wenigstens laut herausposaunen, *wogegen* man kämpft.

Eine Steilvorlage für den Professor. »Als Politiker ist Ihnen sicher bewusst, dass der Handlungsspielraum der Bundesregierung in Ramstein staatsrechtlich limitiert ist.«

Der Kunz bläht seine Nasenflügel, und die kugelige Leberfleckwarze auf seiner rechten Nasenmuschel zieht sich auseinander, das sieht aus wie ein halb vollgesogener Blutegel. »Ja und?«, bellt er.

Kevin kommt dem Wissmer zuvor. »Sie kennen sich da wohl nicht so gut aus«, sagt er so hochmütig wie ein Beamter der Einwanderungsbehörde, der einem inklusionsbedürftigen Migranten Deutschland erklärt. »Die Ramstein Airbase liegt zwar auf deutschem Staatsgebiet, deshalb gilt dort im Prinzip das deutsche Hoheitsrecht. Aber eben nur im Prinzip. Die ausländischen Militärbasen genießen nämlich eine rechtliche Immunität wie diplomatische Missionen. Sie müssen ihr Gastland nicht fragen, wen sie einladen dürfen, und schon gar nicht um Erlaubnis bitten. Zu bestimmen, wer die Militärbasis betreten darf, obliegt dem US-Kommandeur, der seinerseits dem amerikanischen Verteidigungsminister unterstellt ist.«

Der Kunz streckt die Brust raus. »Kann ja sein«, sagt er mit einer wegwerfenden Handbewegung, »aber in der Politik geht es ja nicht um irgendwelche juristischen Haarspaltereien, sondern um den Stil des Umgangs, in diesem Falle den der Amerikaner mit uns. Die deutsche Ministerin durfte noch nicht einmal nach der Begrüßung durch den US-Verteidigungsminister sprechen.«

»Eine Ministerin, die in High Heels beim Truppenbesuch in Mali herumstakst, sollte man überhaupt nie sprechen lassen«, sagt Kevin, und Kira nickt, als käme die Bemerkung von jemand anderem. »Stimmt ausnahmsweise«, sagt sie. »Damit bestärkt die Stöckelschuhministerin mal wieder die Vorurteile der Militärmachos gegen Frauen. Hätte sie doch bloß der Gelbe Mittelmeerskorpion gebissen!«

Alle grinsen, doch der Kunz bleibt stur. »Also bitte!«, protestiert er. »Das ist polemisch und diskriminierend. Unabhängig von einzelnen Politikerpersönlichkeiten haben wir Deutsche als eine der weltweit größten Gebernationen Respekt verdient.«

Kevin setzt sich gerade, und wenn er nicht lümmelt, ist er einen Kopf größer als der Kunz. »Ihnen geht's mal wieder nur um die Kohle. Oder haben Sie bloß Schiss, dass man die bösen Russen ärgert und die dann zur Abwechslung auch mal *uns* auf ihrer Abschussliste haben?«

Der Kunz schnaubt wie ein Gaul, dem man statt eines Apfels eine saure Gurke hinhält, und murmelt irgendwas von »aufs Schärfste zurückweisen«.

Kevin schimpft weiter: »Und dann haben Sie noch nicht mal die richtigen Zahlen drauf: Die USA leisten zwei Drittel der Unterstützungsbeiträge, bis Ende April über zehn Milliarden, also mehr als sämtliche EU-Länder zusammen. An zweiter Stelle kommt UK mit über zwei Milliarden. Der großzügigste EU-Staat sind nicht etwa wir, sondern die Polen, die haben nämlich 2,3 Milliarden locker gemacht. Und Deutschland kommt erst an fünfter Stelle, mit 1,8 Milliarden.«

Der Kunz windet sich wie ein Wurm, auf den jemand tritt. Kevin genießt das; er redet gnadenlos weiter: »So, und wenn man jetzt die Beiträge der verschiedenen Länder in Abhängigkeit zum Bruttoinlandsprodukt betrachtet, dann liegt Deutschland nur an Platz elf hinter sämtlichen EU-Ländern und zwar wohlgemerkt einschließlich der armen Osteuropäer.«

Jetzt tut der Kunz mir fast leid, gegen Kevins Faktengedächtnis macht der gar keinen Stich. Andererseits geschieht es ihm recht, weil er immer so tut, als wüsste er alles; und dann ist das doch nur Bildzeitungsbildung. Er atmet tief durch. »Das ist eine irrationale Betrachtungsweise«, sagt er. »Für die Ukraine zählt nur eins: Wie viel an Geld und Material insgesamt bei ihr ankommt. Es kann denen egal sein, wie viel Prozent vom Bruttoinlandsprodukt des Geberlandes diese Unterstützung ausmacht. Nüchtern betrachtet sind wohlhabende Länder kriegsentscheidender als arme Nationen, denn sie leisten höhere Beiträge. Niemand hat die Ukraine mit so viel Geld unterstützt wie die Amis, aber das macht nur 0,05 Prozent ihres BIP aus. Das ist der Prozentsatz, den Deutschland ebenfalls aufbringt.«

Kevin klopft sich mit zwei Fingern an die Stirn: »Nüchtern betrachtet hat das wohlhabende Land Deutschland immerhin eine halbe Milliarde weniger gegeben als das deutlich ärmere Land Polen.«

Alle blicken betreten zu Boden. Kevin genießt das und sieht aus den Augenwinkeln rüber zu mir.

Ich habe eine Idee: »Es sei denn, das wäre alles nur eine Riesenshow und der Selenskyj hätte Scholz überredet, klammheimlich Waffen zu liefern, aber nach außen den Zögerlichen zu mimen. Die Verteidigungsministerin wäre für so ein Theater die Idealbesetzung, bei ihrer Stammelei würde die ganze Welt glauben, dass Deutschland sich drückt. Die Waffen könnten so von den Russen unbemerkt und unbeschossen in die Ukraine gebracht werden. Schließlich ist Selenskyj Profischauspieler. Er selbst fordert immer mehr als das, was er angeblich gekriegt hat. Und der Melnyk, sein diplomatischer Rüpel, pöbelt gegen die mangelnde deutsche Unterstützung.«

Kevin pfeift durch die Zähne: »Wow, das wäre mal echt genial. Aber zu schön, um wahr zu sein.«

Der Wissmer sagt: »Es wäre jedoch eine interessante Umkehrung des russischen Maskirovka-Prinzips.«

»Sind das russische Querdenker, die gegen Masken kämpfen?«, fragt Frau Luxner.

»Nein, aber es hat mit Maskerade zu tun«, antwortet der Prof geduldig. »Maskirovka ist eine Strategie der systematischen Täuschung und Desinformation, um den Gegner zu verwirren und bei seinen Verbündeten Zweifel zu säen. Davon erhofft man sich unter den Alliierten Uneinigkeit darüber, welche Reaktion angemessen ist. Das Maskirovka-Prinzip wird in der russischen Armee offiziell propagiert.«

Die Tür geht auf, Frau Doktor und Frau Glueck treten ein. Der Prof setzt sich gerade und zieht den Bauch ein, Kevin richtet sich aus seiner Lümmelhaltung auf, Kira steckt ihren Kaugummi in ein Taschentuch, der Kunz macht eine kleine Verbeugung. Frau Luxner klatscht in die Hände und sagt: »Wir begrüßen Sie herzlich, Frau Doktor, schön, dass Sie kommen, wir haben Ihnen extra einen Platz freigehalten. Gerade sprechen wir über den Dritten Weltkrieg. Darf ich Ihnen so ein köstliches Süßerchen anbieten?«

»Sehr aufmerksam, vielen Dank«, antwortet die Chefin ganz ernst und nimmt sich ein Wassermelonenspießchen. Außer mir sieht niemand das winzige Zucken ihres linken Mundwinkels, das hat sie immer, wenn sie sich das Lachen verbeißt. »Weltkrieg ist natürlich ein heftiges Thema«, sagt sie. »Bringen Sie mich auf den neuesten Stand?«

»Na ja, ganz so weit sind wir noch nicht«, beruhigt Herr Kunz. »Aber Putin hat als Reaktion auf das Gipfeltreffen in Ramstein vor dem Dritten Weltkrieg gewarnt und indirekt mit dem Einsatz von Nuklearwaffen gedroht. ›Die Gefahr ist ernst, sie ist real, sie darf nicht unterschätzt werden‹, hat Sergej Lawrow zu diesem Thema in einem Interview gesagt.«

»Aber meinen Sie nicht, Putin will als Held in die Geschichte eingehen?«, fragt die Chefin.

Der Wissmer schüttelt den Kopf. »Wer so viele Zivilisten umbringt, hat den Heldenstatus in jedem Falle verspielt. Doch falls er stattdessen als Schurke in die Geschichtsbücher kommt, dann lieber als Superschurke und nicht als Gescheiterter. Dazu eignet sich ein Atomwaffeneinsatz am besten.«

»Da hat Putin auch noch andere Möglichkeiten«, widerspricht Kevin. »Der Feigling hat schon mal hinterfotzig einen Kritiker mit radioaktivem Tee gekillt. Das war Polonium-210, davon sind schon weniger als 0,1 Mikrogramm tödlich.«

»Ich trinke lieber Kaffee als Tee«, kommentiert die Luxner.

»Ich auch, aber das wird uns nix nützen, Frau Luxner«, antwortet Kevin und grinst sie verschwörerisch an. »Wenn man Polonium einmal ins Trinkwasser panscht, braucht man keinen Krieg, da muss man nix kaputt bomben und hat im Einzugsgebiet des jeweiligen Wasserwerkes sämtliche Menschen sauber umgebracht, ohne ein einziges Gebäude zu zerstören. Da die Reichweite der Strahlung von Polonium nur 0,1 mm beträgt, hat man auch keine Probleme mit der Entsorgung von radioaktiven Leichen. Und praktischerweise hat das Zeug nur eine Halbwertszeit von 138 Tagen, danach kann man sich die gesamte Infrastruktur des Kriegsgegners unbeschädigt unter den Nagel reißen.«

Frau Glueck verzieht das Gesicht. »Ich finde, über so etwas sollte man gar nicht laut sprechen; da bin ich fast abergläubisch, dass man Terroristen auf solche schrecklichen Ideen bringt.«

»Na ja, die Nuklearwaffen, von denen der Professor gesprochen hat, sind auch nicht ganz unschrecklich«, antwortet Kevin. »Dafür aber nachhaltig. Bei Plutonium-239 liegt die Halbwertszeit immerhin bei über 24.000 Jahren!«

»Genauer gesagt, bei 24.110 Jahren«, geht Frau Luxner dazwischen, »und bei Plutonium-240 sind es 6.563 Jahre.«

Alle schauen fassungslos, erst zu Frau Luxner und dann zu Kevin, und warten darauf, dass der sagt, sie würde wirres Zeug reden.

»Wow, Frau Luxner, ganz genau«, bestätigt er stattdessen, »da war ich ein bisschen schlampig und habe glatt 110 Jahre unterschlagen. Hut ab, dass Sie das gemerkt haben.«

Die Luxner lacht verlegen wie ein Teenie, und Kevin fährt fort: »Russland hat knapp 6.000 Atomsprengköpfe, und wenn jemand auf den roten Knopf drückt, machen die in einem Radius von bis zu siebzehn Kilometern alles platt.«

Er zieht sein Handy raus und ruft eine App auf. »Sie können das selber testen, es gibt ein wahnsinnig spannendes Simulationsprogramm namens *NukeMap*, mit dem Sie genau errechnen können, in welchem Umkreis eine Bombe welche Schäden verursacht, je nach Sprengkraft und Explosionshöhe, die Sie eingeben.«

Frau Glueck schüttelt sich, der Wissmer winkt dankend ab.

»Aber glaubt wirklich jemand, dass Putin diese Waffen tatsächlich einsetzt?«, fragt Kira mit dramaqueenmäßig aufgerissenen Augen. »Why not?«, fragt Kevin cool zurück. »Nero hat ja auch sein Rom angezündet.«

Dem Wissmer passt es wohl nicht, dass noch jemand außer ihm selbst mit seinem Wissen Eindruck schindet. »Sie sollten an Ihrer historischen Bildung arbeiten«, fährt er Kevin in die Parade. »Dass Nero sich der Brandstiftung schuldig gemacht habe, ist ein hartnäckiges, aber historisch weitgehend widerlegtes Gerücht. Keinesfalls hat er selbst Hand angelegt, er befand sich bei Ausbruch des Feuers in seiner fünfzig Kilometer entfernten Sommerresidenz Antium.«

Kevin zuckt die Achseln, die Glueck hakt ein. »Sie haben soeben das Stichwort ›Hand anlegen‹ in die Diskussion gebracht. Nero war psychiatrisch auffällig; angeblich brachte er im Streit seine schwangere Frau mit Fußtritten in den Bauch um. Auch bei Putin wäre interessant, ob er einfach ein Psychopath ist, der allen anderen ohne jede Rücksicht schadet, dabei aber voll zurechnungsfähig bleibt – oder ob es da zusätzlich noch eine psychiatrisch relevante Komponente gibt. Was sagen Sie, Frau Doktor?«

Die Chefin wackelt mit dem Kopf, das macht sie, wenn sie erst nachdenken muss. »Ich bin keine Expertin auf dem Gebiet der psychiatrischen Erkrankungen«, sagt sie bescheiden wie immer. Dabei weiß ich genau, dass sie sich für alles interessiert, was mit Psycho zusammenhängt. Sie spricht weiter: »Wie Sie sagen, Psychopathie ist psychiatrisch insofern nicht relevant, als die Betroffenen sich nicht betroffen fühlen. Sie haben weder eine Einsicht in ihre Schuld, noch leiden sie darunter. Damit lassen sie sich üblicherweise auch nicht psychiatrisch oder psychologisch behandeln. Ich gehe aber davon aus, dass bei Putin eine narzisstische Persönlichkeitsstörung besteht«, fährt sie fort, »wobei mir auch eine paranoide Psychose denkbar erscheint. Seine Reden deuten darauf hin, dass er zutiefst davon überzeugt ist, die Welt nähme ihn als Politiker und Russland als Weltmacht nicht ernst genug. Von dieser Kränkung ist er durchdrungen wie von einer toxischen Droge.«

»Toxische Drogen können immerhin tödlich sein«, sagt Kevin und grinst. »Dürfen wir etwa hoffen?«

Frau Doktor bleibt ernst. »Ganz im Gegenteil, das sollten wir fürchten«, sagt sie. »Stellen wir uns einmal vor, dass es ihm auch weiterhin nicht gelingt, zeitnah und ohne allzu viele menschliche Gräueltaten die Ukraine einzunehmen. Dann wird er nie wieder einen Platz auf der internationalen politischen Bühne einnehmen. Irgendwann wird die Realität sich auch durch Medienmanipulation nicht mehr geheim halten lassen. Eigentlich kann er sich dann nur noch umbringen, aber ich ...«

»Meine Liebe, Sie sind eine hoffnungslose Optimistin«, unterbricht der Professor.

Kevin findet das auch. »Schön wär's, aber für Selbstmurks ist der viel zu feige. Vor Corona hatte er so viel

Schiss, dass er sich mit seinen Besuchern an einen Tisch gesetzt hat, der so lang ist wie eine Stretchlimo.«

»Dass er zu feige zum Suizid ist, halte ich für möglich – und darauf zu hoffen, für kontraproduktiv«, antwortet Frau Doktor. »Im letzteren Falle ist es nämlich unwahrscheinlich, dass er einfach abtritt. Putin ist von Kopf bis Fuß auf Rache eingestellt, und zwar spätestens, seit Obama geäußert hat, Russland sei nur noch eine Regionalmacht. Wenn er sich umbringt, reißt er uns vorher vielleicht wirklich in einen Weltkrieg.«

Frau Glueck schüttelt den Kopf. »Das kann ich mir nicht vorstellen. Wenn man Putin eins glauben kann, dann, dass er sein Land liebt und ihm nicht dauerhaft schaden will. Die gesamte Menschheit, auch die Russen, haben viel zu viel Angst vor einem Weltkrieg.«

Der Professor stellt seine Hagebuttenteetasse auf den Tisch und seufzt. »Wenn eine Ausnahme über längere Zeit andauert, wird sie irgendwann zur Normalität. Das gilt auch für die Angst. Das hat die Coronapandemie gezeigt, die wir auch irgendwann ignoriert haben, obwohl sie noch längst nicht vorbei ist. Die Biologen sagen, der Mensch kann Stresshormone in Überdosis nur eine begrenzte Zeit aushalten, deshalb sinkt der Spiegel irgendwann, dann wird die akute Angst chronisch, und das führt zur Abstumpfung.«

»Das wäre doch prima«, sagt Frau Luxner, und keiner hat Lust nachzufragen, wie sie das meint. Sie erklärt es uns: »Wer abstumpft, hört auf, sich zu fürchten; und wer keine Angst hat, lässt sich nicht erpressen.«

Da muss sich die Glueck noch mal als Psychoexpertin einbringen. »Angstfreiheit wäre sicher ein erstrebenswerter Zustand«, sagt sie, als wäre das was Neues. »Allerdings müssen wir uns fragen, ob sie mit Abstumpfung nicht zu teuer erkauft ist.«

»Diese komplexe Frage werden wir heute nicht klären können«, verkündet die Chefin. »Deshalb schlage ich vor, wir wenden uns nun dem Thema des heutigen Kurses zu: *Kann man sich auf gesunde Weise glücklich essen?*«

9. Mai

Rache für Ramstein

Das Herzrasen lässt mich Montagfrüh gegen halb vier Uhr aus unruhigem Schlaf hochschrecken. Die Bombe kracht, die Stichflamme taucht das Schlafzimmer in gleißendes Licht. Kein Zweifel: Russlands Rache für Ramstein. Herr Kunz hatte recht. Verglüht ist der letzte Hoffnungsschimmer, nach dem Krieg könne sich ein Rückweg in das gewohnte Leben öffnen. Beendet durch Putins perfides Vorspiel zur Orgie der Feier des Sieges über die Nazis vor 77 Jahren. Eine Bekräftigungsbombe, Stunden vor der geplanten Kriegserklärung morgen, am neunten Mai auf dem Roten Platz. Nach dem Motto: *Wer nicht für mich ist, ist Nazi.* Deutschland dient als Demoobjekt zur Warnung für den Erzfeind, denn Ramstein ist deutsch und dennoch US-Territorium.

Nun ist die Warnung da, doch ich bin nicht vorbereitet. Mein letzter Notarzteinsatz liegt Jahrzehnte zurück – mit Rettungswagen und erfahrenen Sanitätern. Nie musste ich zerfetzte Körper auf der Straße versorgen, nie Entscheidungen treffen, wem vorrangig Erste Hilfe zu leisten und wer zurückzustellen war, weil ein Überleben unwahrscheinlich schien. Das Gespenst der

Triage war für mich nur ein virtuelles Monster aus der Katastrophen-Berichterstattung oder Kriegsromanen. Kürzlich hatten die Bilder aus Bergamo mit den Leichenstapeln der Coronaopfer diesem Horror wieder Konturen verliehen. Doch verglichen mit den Trümmern des Krieges entpuppte sich die vermeintliche Unüberbietbarkeit jener Schrecken als Illusion. Die Ukraine, nur zwei Flugstunden entfernt, schien uns dennoch zu fern, um unsere empathische Betroffenheit in gefühlte Angst zu verwandeln. Bis vor ein paar Sekunden. Und ausgerechnet heute ist mein Notarztrucksack im Auto, das ausgerechnet heute einen Block entfernt steht!

Mein verschlafenes Hirn braucht zehn Sekunden, um sich durch das Zwischenreich halbwacher Albtraumspiralen zu kämpfen und zu kapieren: Die Bombe war ein Gewitterdonner und das Kanonenfeuer ein ordinärer Blitz, der für einen Moment die Teerschwärze der Nacht durchdrang. Dann – wie im Auge des Sturms – eine kurze, saugende Stille, die in das laute Rauschen des Regens übergeht, der schließlich in dicken Tropfen auf die schrägen Fenster trommelt. In der Wohnung unter mir brüllt ein Baby, und der Hund bellt.

Apokalypse vertagt.

An Schlaf ist nicht mehr zu denken, doch Tee hilft immer. Ich reibe eine halbe Knolle Ingwer und brühe ihn auf. Aus meinem *To-read*-Körbchen mit medizinischen Artikeln nehme ich eine Studie, die zur heutigen

Nacht passt. Ihr Titel: *Can Nightmares be Inherited?*
Ich wickle mich in eine warme Decke und mache es mir
im Lesesessel gemütlich. Das heiße Gebräu mit Honig
wärmt Magen und Gemüt.

In der Studie wurden Nachfahren von Holocaust-
Überlebenden untersucht, die über wiederkehrende
Albträume klagten, in denen sie gejagt, gefoltert oder
umgebracht wurden – als hätten sie die verdrängten
oder ungenügend verarbeiteten Traumata ihrer Eltern
oder Großeltern geerbt. Sie erlebten an deren Stelle
erneut die Schrecken der Verfolgung und des Krieges,
ohne sie je selbst erfahren zu haben. Teilweise litten sie
über mehrere Generationen hinweg unter psychosoma-
tisch bedingten Angststörungen oder Depressionen,
mit Schlaflosigkeit und einer Beeinträchtigung der
Fähigkeit, im sozialen und beruflichen Leben mit Stress
umzugehen.

Ich wünschte, der Job ließe mir mehr Zeit für mein
medizinisches Hobby, die junge Wissenschaft der Epigenetik. Schon im Studium faszinierte mich deren Mut-
terwissenschaft, die Genetik, die von Gregor Mendels
Erbsen im neunzehnten Jahrhundert zur Erforschung
des Erbgutes führte. Man lernte, dass Änderungen der
Struktur des Erbgutes oder an Chromosomen, sogenannte Genmutationen, für viele Krankheiten ursäch-
lich waren. Im Mai letzten Jahres wurde die Entschlüs-
selung des menschlichen Genoms abgeschlossen. Doch

es bleibt die spannende Frage, ob und wie weit der Mensch durch seine Gene vorprogrammiert ist und in welchem Maße die Umwelt oder eigene Erlebnisse dieses Programm prägen. Psychologen untersuchten, wie sich definierte Lebenssituationen auf das menschliche Verhalten auswirkten. Ebenso wie Philosophen deuteten sie die Ergebnisse oft weltanschaulich. Die dabei entstandenen Denkschulen bewegen sich zwischen zwei gegenläufigen Auffassungen: Der Mensch sei überwiegend das *Produkt seiner Erbanlagen*, die seine Entwicklung weitgehend vorbestimmen und damit wenig beeinflussbar machen. Die Gegenthese basiert hingegen auf der Annahme, der Mensch sei das *Produkt seiner Umwelt,* und damit seien alle vererbten oder aus anderen Ursachen angeborenen Eigenschaften veränderbar.

Doch neuerdings bearbeitet die Epigenetik diese Kernfrage menschlichen Seins mit biochemischen und molekularphysiologischen Parametern. Nachgewiesen wurde, dass Gene, abhängig von äußeren Umständen, durch molekulare Mechanismen an- oder abgeschaltet werden, beispielsweise, indem ein chemisches Molekül an eine bestimmte Stelle in der DNA andockt und damit das Gen blockiert.

Durch die »Gnade der späten Geburt« habe ich als Kind alter Eltern den Zweiten Weltkrieg und die Angst vor Bomben und marodierenden Soldaten nicht erleben müssen – aber dennoch die Kriegsangst mit der Muttermilch aufgesogen. Können Ängste Erbkrankheiten sein? Die Bilder von Krieg und Zerstörung erscheinen mir manchmal wie Erinnerungen, die aus düsteren Tiefen des Bewusstseins hochkommen, unabhängig von persönlich Erlebtem und dennoch ein mir bislang unbekannter Teil meines Selbst.

Der Ingwertee hat mich entspannt, auch das Wetter hat sich beruhigt, die Wolken sind aufgerissen, man ahnt schon die Dämmerung. In der morgendlichen Stille ist die Rückkehr ins Bett eine Verlockung. Doch das Gefühl, der Morgen sei zu schön, um ihn zu verschlafen, ist stärker. Ich denke *carpe diem* und beginne den Tag.

⚜

Apokalypse vertagt

In diesen Tagen existenzieller Sorge macht es mir Mühe, die mitunter nichtig erscheinenden Beschwerden der Patienten ernst zu nehmen und empathisch zu reagieren. Bedrückend ist auch die zunehmende Zahl derer, die lediglich eine Krankschreibung wünschen, möglichst mindestens für eine Woche – manche mit Bagatellbeschwerden, einige gar mit Symptomen, die vorzutäuschen sie sich noch nicht einmal sonderlich Mühe geben.

Kein Wunder: Krieg, Klimawandel und Kostensteigerungen lassen den Frust- und Wutpegel in der Gesellschaft steigen. Krisen können krank machen, wenn sie dauern. Und was der seelischen Gesundheit abträglich ist, betrifft irgendwann auch den Körper. All dieses neben der Pandemie; zwar hat Corona seinen Schrecken verloren, doch noch immer infizieren sich in Deutschland pro Woche über 400.000 Personen, deren Quarantäne oder Krankheit meist Mehrarbeit für Kollegen bedeutet. Nicht selten bleibt bei Genesenen die Leistungsfähigkeit über Wochen eingeschränkt. Die Solidarität der Menschen, die zu Beginn der Pandemie solche Ausfälle überbrückte, bröckelt kontinuierlich. Wie immer, wenn Belastung dauerhaft steigt, steigen viele durch Krankmeldung aus. Verständlich, aber nicht unbedingt sympathisch.

Am neunten Mai erleben mich einige Patienten als ungewohnt ruppig. Auch sind meine Konzentration und Vigilanz während der morgendlichen Sprechstunde durch überdrehte Müdigkeit gemindert – und durch die ängstliche Erwartung, welche Bombe Putin platzen lassen wird. Das stumm geschaltete Handy liegt in der Schreibtischschublade, immer wieder schaue ich auf Phoenix in die Liveschaltung zu Russlands Siegesfeier.

Panzerbataillone und phallusförmige Raketen auf Rädern rollen an der Tribüne vorbei. Waffenstarrende Soldaten, die in bunten Uniformen mit Fransen und

Sternen an eine hundertfach geklonte Kaspertheater-truppe erinnern, marschieren synchron in abgehackten Bewegungen wie epileptische Marionetten.

Als Putin auftritt, bin ich gerade mit dem Verbands-wechsel bei einer gehbehinderten Patientin fertig und geleite sie ins Wartezimmer. Drei Patient:innen sitzen gebannt vor den Bildschirmen. Unter der Maske erkenne ich auf den ersten Blick nur Pfarrer Prick, der sich eine Kühlkompresse um die linke Hand drückt, und Frau Stürmer, die ich vor vielen Jahren noch als Schwester Katrin in der Klinik erlebt habe. Als frühere Ringerin fällt sie durch ihre kräftige Statur auf, ihr Spitzname war damals Schwester Rabiata. Die dritte Person, eine weißblonde Dame, kann ich nicht spontan identifizie-ren und geniere mich, nach ihrem Namen zu fragen. Also sage ich in möglichst herzlichem Ton: »Hallo zusammen.« Die drei nicken begeistert auf meine Frage, ob ich die Rede mit ihnen anschauen dürfe, bevor ich den Nächsten hereinbitte.

Putins ausdruckslose Mimik lässt mich an Parkin-son* denken. Sein Gesicht ist eingefroren in leiden-schaftslos kaltem Hass. Zwar verstehe ich die Sprache nicht, doch Putin presst seine Worte durch den zucken-den, schmallippigen Mund wie gespuckte Galle, deren Aerosol alles in seiner Reichweite verätzt. Selbst der Dolmetscher klingt fast zögerlich, als bereite es ihm Unbehagen, Putins übersetzte Statements auszusprechen. Dass die Verteidigung des Vaterlandes heilig sei. Dass die Soldaten in diesen Tagen, für ›unser Volk im Donbas‹ kämpften, für die ›Sicherheit unseres Heimatlandes Russland‹.

»Na ja, hat Putin nicht unrecht«, sagt Frau Kremer, die ich erst jetzt an ihrer Stimme und dem hart rollenden Akzent erkenne. »Warum muss Ukraine in die NATO? Vorher war doch Ruhe, und jetzt dreht ganze Welt durch.«

Frau Kremer ist Russlanddeutsche, die in den 90er-Jahren in die ehemalige Heimat ihrer Vorfahren kam, als nach dem Ende der Sowjetunion die letzte Hoffnung der Wolgadeutschen auf eine Wiedererrichtung ihrer Republik geplatzt war. Sie hatte sich mehrmals bitter bei mir beklagt, dass sie und ihre Landsleute nach dem Grundgesetz zwar »deutsche Volkszugehörige« mit deutschem Pass und deutschen Bürgerrechten seien, doch von den Einheimischen als *reingeschmeckte Russen* betrachtet und diskriminiert würden.

»Wo war bitte vorher Ruhe?«, entrüstet sich Pfarrer Prick. »Seit Annektierung der Krim 2014 leben die Ukrainer im Krieg, es gab bis 2022 ungefähr 15.000 Tote, trotzdem hat kaum jemand hingeschaut, und man hat munter weiter mit Putin gekuschelt.«

Der Pfarrer, ein seinem eigenen Berufsbild entsprechend friedlicher Mensch und bis vor Kurzem überzeugter Pazifist, hat mir neulich gestanden, wenn es um

Putin gehe, höre seine Nächstenliebe auf, den sähe er gerne in der Hölle schmoren. Seine Wut gilt nicht nur dem kriegführenden Präsidenten, sondern besonders auch der unter seiner Ägide ganz offiziell propagierten Schwulenphobie. Der Pastor ist mit einem Mann verheiratet, der ebenfalls Patient in meiner Praxis ist und mich kürzlich in Schwulitäten stürzte. Nach einem außerehelichen Ausrutscher wünschte er einen HIV-Test, von dem sein Mann jedoch keinesfalls erfahren sollte. Als ich ihn fragte, ob er von mir Komplizenschaft dabei erwarte, seinem Partner einen positiven Befund zu verschweigen, wies er das entrüstet zurück; da könne er mich beruhigen, nie würde er seinen Liebsten gefährden. Falls der Test positiv ausfalle, wolle er sich lieber eine Kugel in den Kopf jagen. Ich warf das Blutröhrchen in den Abfall. Nachdem er mir ehrenwörtlich versicherte, das sei nur ein blöder Spruch gewesen und Suizid mit seinem Glauben gänzlich unvereinbar, holte ich das Blut wieder aus dem Eimer. Der Test war negativ, und die Kugel blieb im Lauf.

Pastor Pricks Predigten sind auch bei Nichtgläubigen legendär, ich habe deshalb unlängst einen seiner Gottesdienste besucht. Auf meine Frage nach dem Geheimnis seines fast popstarmäßigen Ruhmes hatte er geantwortet, das sei so wie Brühekochen aus einem Riesentopf bunter Zutaten. »Erst einmal lege ich der Gemeinde ein Thema so komplex dar, dass ihnen das

Hirn schwirrt. Dann gieße ich ab und reduziere. In der Essenz des Ganzen sollten sich Menschen unterschiedlichen Geschmacks wiederfinden, auch solche, die einzelne Zutaten nicht mögen.«

Der Pastor hat einen luziden Geist und zwei linke Hände. Da er sich dennoch gerne handwerklich betätigt, sehe ich ihn öfter mit Schnittwunden oder sonstigen Verletzungen, heute ist ihm der Hammer ausgerutscht und auf dem Daumen gelandet.

»Könnt ihr eure Diskussion vielleicht vertagen?«, schaltet sich Frau Stürmer ein. »Frau Doktor und ich würden gerne die Feier verfolgen.«

Als jahrzehntelange Chefin einer chirurgischen Intensivstation ist Schwester Katrin ausgesprochen durchsetzungsfähig. Gerne erzählt sie den kürzesten Witz der Welt: »Treffen sich zwei Chirurgen in der Bibliothek.«

Die beiden Kampfhähne verstummen, und ich konzentriere mich erneut auf den Dolmetscher.

»Der Westen hat systematisch eine für uns völlig inakzeptable Bedrohung geschaffen, und zwar direkt an unseren Grenzen. Alles deutete darauf hin, dass ein Zusammenstoß mit den Neonazis, den Banderisten, auf die die USA und ihre Mitstreiter gesetzt hatten, unvermeidlich sein würde.«

Putin ist eingerahmt von greisenhaften militärischen Würdenträgern mit eingefrorener Mimik, die so regungslos stehen, als seien ihre operettenhaft dekorierten Uniformen ausgestopft.

»… sahen wir, wie die militärische Infrastruktur aufgebaut wurde, wie Hunderte von ausländischen Beratern ihre Arbeit aufnahmen und wie regelmäßig die modernsten Waffen aus den NATO-Ländern geliefert wurden. Die Gefahr wurde von Tag zu Tag größer. Russland hat präventiv auf die Aggression reagiert. Es war eine erzwungene, rechtzeitige und die einzig richtige Entscheidung. Die Entscheidung eines souveränen, starken und unabhängigen Landes.«

Die Kamera schwenkt auf das militärische Fußvolk, strammstehende Jungsoldaten im Profil. Mit glatten Kindergesichtern blicken sie in leerer Entrückung streng geradeaus ins Nirgendwo, als wäre Putins toxisches Narrativ eine Droge.

Mit monotonem Stakkato setzt der die Rede fort. »Heute verteidigen Sie, wofür Ihre Väter, Großväter und Urgroßväter gekämpft haben. Der höchste Sinn ihres Lebens war immer das Wohlergehen und die Sicherheit unseres Vaterlandes. Und für uns, ihre Erben, ist die Hingabe an das Vaterland der höchste Wert, ein verlässlicher Pfeiler der Unabhängigkeit Russlands.«

Mich schaudert, wenn ich in Putins feistes, wächsernes Gesicht blicke, gleichzeitig diffundiert die Bedeutung seiner Worte – besonders der ungesagten – langsam in mein Hirn, wo es mit Verzögerung euphorische

Erleichterung auslöst. Das Gefühl, eine Schraubzwinge habe sich plötzlich gelöst, deren quälender Druck mir zuvor nur halb bewusst war.

Keine Kriegserklärung. Keine Generalmobilmachung. Keine Eskalationsankündigung. Apokalypse noch einmal vertagt.

»Wenigstens keine weitere Katastrophe«, spricht mir Schwester Katrin aus der Seele.

»Krieg ist nie gut«, sagt Frau Kremer. »Aber man darf sich wehren. Der Westen hat Putin provoziert, immer noch mehr NATO. Und Krim gehört zu Russland, Ukrainer und Russen sind ein Volk. Zwei Drittel der Menschen auf der Krim sind Russen. Nikita Chruschtschow war besoffen, als er die Insel verschenkt hat. Selber typisch Ukrainer! Dann wurde die Krim Ukrainische Sozialistische Sowjetrepublik.« Frau Kremer schaut uns triumphierend an.

»Sie müssen das schon korrekt erzählen«, protestiert der Pfarrer. »Nach der Auflösung der Sowjetunion wurde die Krim Teil des ukrainischen Staates, nachdem sich die Ukraine durch ein gültiges Referendum von der russischen Konföderation unabhängig gemacht hatte. Wegen des geostrategisch wichtigen Hafens waren die Russen weiterhin scharf auf Sewastopol. Nach dem Vorbild Gibraltars erklärte das russische Parlament Sewastopol 1993 zur russischen Stadt auf fremdem Territorium. Damals wollte man Streit noch vermeiden, deshalb schlossen die Ukraine und Russland Ende der 90-er Jahre einen Vertrag, der den Verbleib der russischen Schwarzmeerflotte gestattete. Im Gegenzug erhielt die Ukraine einen Preisrabatt auf russische Gaslieferungen. Aber Putin mit seinen imperialen Allmachtsfantasien hat wahrscheinlich von Anfang an geplant, sich die Krim zurückzuholen.«

Frau Kremer streckt Herrn Prick ihren linken Zeigefinger entgegen, ihr überlanger Kunstnagel mit blutfarbenem Glitzerlack wirkt wie eine Waffe. »Blödquatsch! Man sagt, der Weg ist das Ziel. Wenn das Ziel gut ist, der Weg ist nicht so wichtig. Putin ist wenigstens richtiger Regierungschef, da wissen Leute, wo es langgeht. 2014 gab es Volksabstimmung. Fünfundneunzig Prozent von Krimbevölkerung wollte zurück zu Russland, zurück zu eigenen Wurzeln. Ohne starke politische Führer gibt es immer neue Revolutionen in immer andere Farben. Ukraine wählte zu Staatschef erst ein Schokoladenmilliardär und jetzt ein Fernsehserien-Komiker. Einziger starker Mann in Ukrainepolitik ist Boxer-Bürgermeister Vitali.«

In einem Reflex, wahrscheinlich auf der Kanzel angeeignet, hebt der Pfarrer die Hände, dabei fällt sein Coolpad zu Boden. Sein Daumennagel ist blitzeblau. Er hebt das Kissen auf und knallt es auf den Tisch. »Ihre angebliche Volksabstimmung im Jahre 2014 war ein Pseudoreferendum, das unter Ausschluss internationaler Beobachter mit massiver paramilitärischer Ein-schüchterung stattfand«, schleudert er Frau Kremer entgegen. »Diese Abstimmung wurde in einer UNO-Resolution von der überwältigenden Mehrheit aller Mitgliednationen für ungültig erklärt. Aus der Reihe getanzt sind nur ein paar Schurkenstaaten wie etwa Belarus, Nordkorea und Syrien. Die Annexion der Krim war ein massiver Verstoß gegen das Völkerrecht!«

»Völker*wohl* ist genauso wichtig wie Völker*recht*«, antwortet Frau Kremer ungerührt und poliert mit dem rechten Daumen den Nagel ihres linken Zeigefingers.

Frau Stürmer platzt der Kragen. »Von *Wohl* sprechen wir, wenn es Menschen gut geht. In der Ukraine geht es niemandem gut, auch nicht den prorussischen Separa-tisten auf der Krim. Von dem, was Sie ›Volkswohl‹ nennen, profitieren Menschen wie Sie, die vor Jahr-zehnten vor dem Elend in ihrer russischen Heimat nach Deutschland abgehauen sind, wo sie alle sozialen Ver-günstigungen in Anspruch nehmen und noch nicht mal richtig Deutsch gelernt haben.«

So rabiat habe ich Schwester Rabiata noch nie erlebt. Höchste Zeit, meine Praxis zu befrieden. Kriegsparteien soll man trennen. Ich bitte Frau Stürmer um ein biss-chen Geduld und nehme Frau Kremer ins Sprechzimmer zwei, dort wird sie warten, bis ich dem Pastor ein Ent-lastungsloch in den Daumennagel gebohrt habe.

27. Mai

Bleibt doch in der Familie

Ich habe gute Nachrichten für Herrn Kunz: Auch der zweite Coronatest von gestern ist negativ. Erwartungsgemäß. Er hatte auf einem PCR-Test bestanden, und da seine Kasse die Kosten nicht übernimmt, will er ihn selbst bezahlen, man wisse ja, dass bei den Schnelltests die Rate falsch negativer Befunde viel höher sei. Er bittet auch um ein EKG, seit der Coronainfektion habe er oft ein Engegefühl in der Brust, gelegentlich auch ein Stechen. Auch hier ist der Befund unauffällig, selbst die Herzrhythmusstörungen sind sehr selten geworden. Seinen Infarkt hatte Herr Kunz ohne bleibende Schäden überstanden – aber die Angst war geblieben.

Der Krankheitsverlauf nach seiner Infektion war objektiv milde gewesen, eine normale Sauerstoffsättigung und kein Hinweis auf eine Lungenentzündung. Dennoch bat mich der Patient mehrmals um Hausbesuche, da er subjektiv unter Atemnot und Herzrasen litt. Er war überzeugt, durch die Vorerkrankung und das Übergewicht ein Hochrisikopatient zu sein. Seine Angetraute beeindruckte er damit nicht; nach dem positiven Test war sie samt Kindern zu ihren Eltern geflüchtet und hatte angekündigt, frühestens nach dem zweiten negativen Test zurückzukehren. Auch das Alleinsein versetzte Herrn Kunz in Panik. Wiederholt fragte er mich, ob nicht eine Klinikeinweisung sinnvoll sei, wofür ich aber keinerlei Notwendigkeit sah. Mein Angebot, ihn zu Hause zu betreuen, nahm er mit einer Mischung aus Dankbarkeit und Enttäuschung an.

Nun berichtet er über verminderte Leistungsfähigkeit, ab dem Mittag wolle er nur noch schlafen, Gedächtnis und Konzentration hätten nachgelassen, und der schnelle Puls beeinträchtige ihn zusätzlich. Er schaut mich ängstlich an. »Wenn ich Long COVID kriege, kann ich die Wahl vergessen.«

»Bisher haben Sie noch nicht mal Post COVID«, beruhige ich ihn. »Vier bis sechs Wochen nach Ende der Erkrankung sind solche Beschwerden normal. Sie sollten sich weniger Stress machen!«

Stress ist für Herrn Kunz ein Lebensthema. Unter dem Siegel der Verschwiegenheit hatte er mir vor drei Jahren seine private Krise anvertraut: Vorzeitig von einer Dienstreise heimgekehrt, fand er seine Frau beim Sex mit der Frau seines besten Freundes auf der Wohnzimmercouch. Die beiden bemühten sich nicht einmal, ihre Blößen zu bedecken, was Herr Kunz als besonders respektlos empfand. Lässig erklärten sie ihm, bereits seit einem Jahr ein Verhältnis zu haben, und kündigten an, den jeweiligen ehelichen Hafen zu verlassen. Die Untreue seiner Ehefrau traf Herrn Kunz bis ins Mark seines Selbstwertgefühls; und die angedrohte Trennung bedrohte seine politischen Ambitionen. Seit Jahren verfolgte er mit brennendem Ehrgeiz das Ziel, Oberbürgermeister unserer Stadt zu werden, und war überzeugt, als gehörnten Geschiedenen würde man ihn nicht wählen. So handelte er mit seiner Frau den Deal aus, nach außen hin das dekorative Image der glücklichen Familie mit attraktiver Gattin und zwei entzückenden Kindern aufrechtzuerhalten – unter der Bedingung seiner klaglosen Akzeptanz ihrer amourösen Frauenfreundschaft. Allerdings hatte Herr Kunz den Stress der Dauerdemütigung unterschätzt, seine bessere Hälfte gab sich nach dem Ende der Heimlichkeit noch weniger Mühe, ihre mangelnde eheliche Verbundenheit zu verbergen. Auch sein bester Freund, selbst ein notorischer Fremdgänger, war ihm keine Unterstützung. »Bleibt doch in der Familie«, war dessen lakonischer Kommentar. »Und wenigstens muss man sich keine Gedanken machen, ob der Rivale einen Größeren hat.«

In der Coronapandemie nahm der Druck im familiären Kessel und auch beruflich so weit zu, dass Herr Kunz einen Herzinfarkt erlitt. Wegen der angespannten Versorgungslage im Krankenhaus verzögerten sich Diagnostik, Herzkatheter und die Anlage eines Stents*, der Patient geriet in einen kritischen Zustand. Zumindest führte die akute Lebensgefahr zunächst zu einer etwas höheren Wertschätzung durch die Gattin, was Herrn Kunz für die eheliche Zukunft wieder etwas optimistischer stimmte. Bis zur Coronainfektion.

Immerhin hat er nach dem Infarkt begonnen abzunehmen, und heute zeigt die Waage viereinhalb Kilo weniger.

»Von Ihrem Kurs profitiere ich sehr, Frau Doktor«, lobt er mich. »Und sogar COVID hatte eine positive Nebenwirkung: kein Appetit auf nix. Das ist gut für den Wahlkampf. Die Leute meinen, wer fett ist, hat einen schwachen Willen.«

»Ich finde es prima, wie konsequent Sie Ihrem Übergewicht zu Leibe rücken«, lobe ich zurück. »Aber Sie sollten das für sich tun, nicht wegen der Wahl. Bleiben Sie Sie selbst, es heißt doch immer, ein Kandidat muss *authentisch* sein!«

»Sie haben ja recht, wie immer«, antwortet Herr Kunz. »Nur gut, dass außer Ihnen niemand weiß, was ich für ein Weichei bin. Das mögen Wähler nämlich auch nicht.«

¤

Männerfreundschaft und Buddhismus

Auf dem Weg zur Mülltonne habe ich gesehen, dass die Glueck und der Wissmer zusammen in seinem alten

Golf gekommen sind. Auf dem Parkplatz hat er ihr ganz oldschool die Autotür aufgehalten und ihr dann beim Aussteigen geholfen, als könnte sie das nicht alleine. So wie sie ihn angestrahlt hat, fand sie aber seine Gentleman-Performance richtig gut. Die beiden standen dann am Tresen für ihren Coronatest und schauten sich in die Augen, während sie sich mit dem Wattestäbchen in der Nase rumfummelten.

Die Chefin beauftragt mich, den anderen auszurichten, dass sie ein bisschen später dazustößt, Herr Kunz braucht noch eine Untersuchung. Ich soll schon mal den zuckerfreien Rhabarberkuchen vom Biobäcker verteilen. Als ich mit der Kuchenplatte komme, sind sie heftig am Diskutieren, schon im Flur habe ich Kevin gehört. »Die Kirchen bekleckern sich mal wieder nicht mit Ruhm. Der russisch-orthodoxe Patriarch Kyrill hat verkündet, ein Kriegsgrund sei unter anderem, dass man die Brüder und Schwestern im Donbass vor dem Sündenpfuhl der Homosexualität schützen müsse. Eine ›Christenpflicht‹ nannte er das. Da ist der Papst noch das kleinere Übel, obwohl er auch nicht richtig Farbe bekennt; der will allen Ernstes immer noch persönlich mit Putin reden.«

»Nun ja, wenn Sie schon zwei Übel vergleichen, müssen Sie auch die Unterschiede analysieren«, antwortet der Professor. »Papst Franziskus war schon immer ein gläubiger Geistlicher. Hingegen ließ sich Wladimir

Gundjajew alias Kyrill in den 70er-Jahren vom KGB als *Mitarbeiter Michailow* anwerben. In den 90er-Jahren hat er im Namen der Kirche mit Zigaretten gehandelt, er fährt eine Mercedes-Maybach-Luxuslimousine und ist angeblich vierfacher Milliardär.«

»Dann passen die beiden Wladis ja gut zusammen«, sagt Kira. »Und Putin bekennt sich ja auch öffentlich zum orthodoxen Glauben.«

»Öffentlich vielleicht«, brummt Kevin. »Aber ich wette, der glaubt an gar nix außer an den einen heiligen Wladimir.«

»Sie sagen es«, stimmt der Wissmer zu. »Putins zur Schau getragene Frömmigkeit ist Wahlkampf-Folklore. Damit versichert er sich der Unterstützung des Patriarchen und sammelt Stimmen bei der gläubigen Landbevölkerung.«

»Nicht nur«, korrigiert die Glueck. Früher hat sie ihrem Prof nicht so oft widersprochen. »Drei Viertel aller Russen bekennen sich zum russisch-orthodoxen Glauben und begreifen ihre Religion als nationale Tradition. Schon lange gibt es eine Allianz zwischen Kirche und Politik. Die Religion füllt teilweise das Vakuum nach dem Zerfall der Sowjetunion. Sogar eingefleischte Kommunisten haben sich von Atheisten zu gläubigen Christen bekehren lassen. Da war es ein psychologisch schlauer Schachzug, den Patriarchen als Unterstützung zu gewinnen.«

»Putins bester Freund ist aber Buddhist«, sagt Frau Luxner.

Ungläubiges Schweigen. Ich denke: Alzheimer. Keiner sagt was.

Dann wird mir schlecht, und der Schrei, der schrill aus mir herausbricht, klingt wie bei einer Katze, die man mit Kampfstiefeln in den Bauch tritt. Kalter Schweiß strömt aus allen Poren, und auf den Unterarmen stellen sich die Haare auf. Mein Herz stolpert und hämmert, als wollte es aus der Brust springen. Ich bin wie gelähmt und deute mit dem Finger auf die Wand gegenüber.

Dort sitzt eine riesige Nosferatu-Spinne.

Gott sei Dank geht die Tür auf – die Chefin und der Kunz, beide gucken erschrocken, wohl wegen meines Gebrülls. »Was ist denn hier los?«, fragt Frau Doktor. Mit einem Blick checkt sie die Lage und sagt mit ihrer Keine-Panik-Stimme: »Ganz ruhig, Amira, das haben wir gleich.« Unaufgefordert schnappt sich der Kunz einen Plastikbecher und einen Corona-Patientenflyer vom Tisch. Ich kann nicht hinschauen, als er zur Wand geht, und schlage mir die Hände vors Gesicht. Muss dann aber doch einmal kurz zwischen den Fingern durchspicken und sehe, wie der Kunz den Becher über das Nosferatu-Monster stülpt und ganz vorsichtig den Flyer drunterschiebt. Dann geht er ans Fenster und wirft das Biest raus.

»Vielen, vielen Dank«, stammle ich. »Sie sind ein totaler Held.«

»Da nicht für«, antwortet der Kunz, sonst kein Kommentar, dafür könnte ich ihn küssen. Ich schäme mich sehr, es passiert nicht zum ersten Mal, dass ich so durchdrehe, in diesem Jahr wimmelt es nur so von Kräuseljagdspinnen. Nach Nosferatu wurden sie benannt, weil das Muster auf ihrem Rücken aussieht wie eine Vampirfratze.

Die Chefin hat mir erklärt, dass Arachnophobie* die häufigste aller Angststörungen ist – und kein Grund, sich zu genieren. Sie kannte sogar eine Studie aus der Zwillingsforschung, da hat man nachgewiesen, dass die Spinnenphobie sogar vererbt wird. Sie befällt angeblich selbst Naturwissenschaftler.

Als der Kunz sich gesetzt hat, fragt Frau Doktor, ob jemand Lust hätte, sie upzudaten. Das übernimmt wieder der Professor: »Frau Luxner sprach gerade davon, dass ein enger Freund von Putin Buddhist ist. Damit meinte sie sicher den russischen Verteidigungsminister?« Frau Luxner nickt und freut sich.

»Sergej Schoigu und Wladimir Putin sind tatsächlich Männerfreunde«, erklärt der Wissmer. »Der Verteidigungsminister stammt aus der Grenzregion zur Mongolei und ist mit dem Buddhismus aufgewachsen. Seine Mutter war übrigens gebürtige Ukrainerin. Der Präsident besucht seinen engen Vertrauten regelmäßig im

Sommer in dessen südsibirischer Heimat. Dort gehen die beiden Männer jagen und fischen, dabei lassen sie sich mit nacktem Oberkörper fotografieren. Putin muss allerdings ein bisschen den Bauch einziehen.«

»Und Mini-Brüstchen hat er auch«, sagt ausgerechnet Kevin. Soll noch mal jemand behaupten, es wären die Frauen, die ihren Body gegenseitig zickig kommentieren.

»Voll peinlich«, sagt Kira. »Frauen meinen immer, sie müssten irgendwelchen Schönheitsidealen nachjagen. Und Männer entblößen ganz schamlos alles, was an ihnen quillt und hängt, wenn sie alt werden. Und ihren dokumentierten Verfall posten sie dann auch noch stolz um die Welt.«

Wir Jungen lachen herzlich, die Oldies eher gequält.

»Dass der Verteidigungsminister Buddhist ist, finde ich aber schon überraschend«, sagt die Chefin. »Ich dachte, Buddhismus sei die Religion der Pazifisten.«

»Meist, aber nicht immer«, antwortet der Professor. »Aktuell unterstützen buddhistische Mönche in Ländern wie Myanmar und Sri Lanka die Gewalt gegen Andersgläubige und ethnische Minderheiten wie Uiguren und Tamilen. Sergej Schoigu hat sein Glaube ebenfalls nicht daran gehindert, sich maßgeblich an Einsätzen in Syrien, Georgien, Libyen, Armenien und jüngst in Kasachstan zu beteiligen. Und auch mit der Bescheidenheit, die als unverzichtbarer Bestandteil der buddhistischen Religion gilt, hat Schoigu nichts am Hut. Auf seinem protzigen Anwesen für umgerechnet über zwanzig Millionen Euro hat er sich eine eigene buddhistische Pagode bauen lassen. Nicht gerade die reine buddhistische Lehre.«

»Nun ja, es gibt eben nicht *die* buddhistische Lehre«, geht Frau Glueck dazwischen. »Der Buddhismus umfasst eine Vielzahl unterschiedlicher und teilweise gegensätzlicher Denkschulen, am bekanntesten sind Theravada und Mahayana. Gewaltverzicht ist zwar ein zentraler Leitsatz buddhistischen Strebens, es werden aber sehr wohl Ausnahmen zugelassen, besonders wenn es um den Schutz anderer geht.«

Kevin rollt mit den Augen. »Das sagen sie alle! In der Bibel und im Koran wird auch Nächstenliebe gepredigt, es sei denn, es betrifft Andersgläubige, die man dann ›ungläubig‹ nennt. Und in den buddhistischen Betschriften steht sicher nicht, dass man Muslime metzeln darf.«

Die Glueck verzieht zwar kurz den Mund, aber ihr Schmunzeln kommt durch. »Flapsig wie immer, aber nicht falsch. Allerdings sagt man im Buddhismus nicht ›Betschriften‹, sondern ›Sutren‹. Es gibt beispielsweise ein Sutra, das ungefähr auf das fünfte Jahrhundert datiert wird und Leitlinien für den König im Umgang mit Kontrahenten beschreibt, wenn ein Angriffskrieg droht. Es wird ein dreistufiges Verfahren empfohlen.

Phase eins: *Diplomatie,* also erst einmal *Freundlichkeit,* beispielsweise durch Schmeichelei oder sogar Lob des Kontrahenten, dann *Gefälligkeiten,* die zumeist materieller Natur sind, und wenn das nicht fruchtet, Phase zwei: *Einschüchterung,* zum Beispiel durch Demonstration der eigenen militärischen Stärke in einem Manöver. Bleiben auch diese Bemühungen erfolglos, kommt Phase drei: Da hat der König die Pflicht, seine Untertanen zu beschützen, indem er die *Entscheidung zum Kampf* trifft und mit den Kriegsvorbereitungen beginnt. Vor allem muss er die eigene militärische Schlagkraft optimieren.«

»Marlene, das ist ja aufregend«, sagt der Professor. »Diese buddhistische Handlungsanweisung für den König würde tatsächlich eins zu eins zu Putin passen.«

Alle machen große Augen, nicht wegen des unfriedlichen Buddhismus, sondern wegen »Marlene«. Die wird ein bisschen rot und schaut auf ihre rosa Trekkingsandalen. Der Wissmer kriegt das gar nicht mit, so aufgedreht ist er. »Die Stufe eins mit Diplomatie und Schmeichelei ist Putins Rede im Bundestag 2001, da betont er Nähe und Gemeinsamkeiten mit Europa. Der nächste Schritt mit den Gefälligkeiten waren billiges Gas und Öl. Als die NATO-Osterweiterungs- und EU-Beitrittsbestrebungen der osteuropäischen Länder dann noch immer nicht aufhörten, folgten Versuche der Einschüchterung: Chodorkowski kam in den Knast,

Anna Politkowskaja wurde an Putins Geburtstag erschossen, Litwinenko mit Polonium im Tee verstrahlt und Nawalny mit Nowitschok vergiftet. Ganz abgesehen von den militärischen Übergriffen auf Georgien und Tschetschenien. Das war alles noch weit weg von der EU, aber durchaus als Weckruf geeignet, um den Westen einzuschüchtern, wenn denn jemand hätte hinschauen wollen. Spätestens, als das nicht in Putins Sinne funktionierte, hat er mutmaßlich einen Eroberungs- und Vernichtungskrieg beschlossen. Man kann darüber streiten, ob die Annexion der Krim noch zu den Vorbereitungen des eigentlichen Krieges zählte oder schon dessen erste Phase war. All das erfolgte mit mitleidloser Konsequenz.«

»Ich stimme Ihnen zu«, sagt Frau Marlene, und der Professor guckt, als hätte sie ihm widersprochen. Da räuspert sie sich und kriegt hektische Flecken am Hals. »Ich stimme *dir* zu, Arnulf«, korrigiert sie sich, ihre Augenlider flattern, und alle grinsen in sich rein.

»Mitleid und Mitgefühl sind im Buddhismus wesentliche Prinzipien, ähnlich der Barmherzigkeit im Christentum. Deren Befolgung bestimmt entscheidend das weitere Karma, wonach jegliches Tun für den Handelnden Konsequenzen hat, sei es in diesem oder im nächsten Leben. Interessanterweise wird das Mitleid nicht nur für Opfer, sondern auch für Täter postuliert. Wenn jemand einen Mord begeht, ist die Folge ein extrem schlechtes Karma für den Täter. Falls man weiß, dass jemand eine solche Gewalttat plant, ist es gerechtfertigt, ihn durch präventive Tötung daran zu hindern. In diesem Falle bessert man mit dem Mord sogar das eigene Karma auf.«

Das neue Du von Arnulf und Marlene hat mich so abgelenkt, dass ich nicht weiß, ob ich den letzten Satz richtig verstanden habe, und nachfragen muss. »Echt jetzt? Dass man als Buddhist einen Mord begehen darf, um einen anderen Mord zu verhindern, sehe ich noch ein, wenn dadurch das Opfer geschützt wird. Aber so wie ich Sie verstanden habe, darf der Buddhist auch den Möchtegernmörder umlegen, um ihn vor einem miesen Karma zu schützen?«

»*Den* Buddhisten gibt es ebenso wenig wie *die* buddhistische Lehre«, antwortet die Frau Lehrerin. »Die genannte Leitlinie illustriert nur eine von vielen Strömungen des Buddhismus. Allerdings ist uns, ebenso wie den meisten anderen Religionen, das buddhistische Prinzip eines ›grenzenlosen Mitleids‹ fremd. Unser Mitgefühl hört meist auf, sobald es um schwere Verbrechen geht. Auch rechtlich gesehen ist präventive Gewalt unzulässig und nur Notwehr straffrei.«

Der Wissmer nickt wie ein Wackeldackel und schaut Marlene an, als hätte er gerade eine Erleuchtung. »›Präventiv‹ ist das Stichwort. In der *Leitlinie für den König* kann man die Rechtfertigung für den russischen Krieg finden – und da Schoigu ein enger Berater ist, passt das gut in Putins Weltbild, das damit auch noch frei von Schuldgefühlen bleibt.«

Heute kommen wir als Gruppe gar nicht richtig zu Wort. Frau Doktor legt den Kopf ein bisschen schief, wie immer, wenn sie nicht ganz glaubt, was ihr jemand sagt. »Ich denke, Schuldgefühle sind Putin so fremd, dass er keine Religion braucht, um ihnen zu entgehen.«

»Das ist eine treffliche Analyse«, schleimt der Kunz.

Kira bringt auch noch eine Idee unter. »Vielleicht tut der Putin nur so homophob, weil er selber eine heimliche Klemmschwuchtel ist.«

Die Chefin legt unauffällig die linke Hand in den Schoß, damit man nicht sieht, dass sie auf die Uhr schaut. »Politiker wie Putin sind so unheimlich, weil man ihnen alles zutrauen muss und nichts ausschließen kann. Das war wieder eine interessante Diskussion. Vielleicht kann man sie so zusammenfassen: Fanatismus bedroht den Frieden, egal ob der Fanatiker fromm ist oder nur machtgierig. Aber jetzt wenden wir uns dem heutigen Kursthema zu: *Sport macht schlank und schlau.*«

17. Juni

Hijo de Putin

Ob er mit einer kleinen Platzwunde vor dem Kurs zu mir kommen könne, hatte Kevin am Telefon gefragt, worauf Frau Benz ihn sofort in die Praxis bestellte. Sie vermutete, er hätte sich beim Schwimmen verletzt, da sie im Hintergrund typisches Freibadgebrüll hörte.

Kevin lümmelt auf dem Patientenstuhl, der unter seinem ehemals athletischen, jetzt nur mehr massigen Körper ungewohnt zierlich wirkt. Auf seinem T-Shirt prangt ein Totenkopf, der sein blutiges Gebiss unter zwei gekreuzten Maschinengewehren fletscht. Unterschrift: SOY UN HIJO DE PUTIN. Kevin sieht meinen Blick, deutet auf seine Brust und erklärt: »Neue Definition von *Hurensohn, puta* heißt auf Spanisch Nutte.«

Ich muss lachen, was mir allerdings vergeht, als ich in sein Gesicht schaue: Das linke Unterlid wird kissenförmig von einem blauschwarzen Hämatom komprimiert, das unterhalb des Jochbeins hinter der Maske verschwindet. Über der rechten Augenbraue ist eine durchgesuppte Kompresse mit Leukoplast festgeklebt, getrocknetes Blut hat seitlich das Maskenbändchen bis zum Ohr verfärbt.

»Mach mal dein Gesicht frei.«

Er klappt den Mundschutz herunter. Beim Anblick des gesamten Veilchens und seines zutraulichen, wegen der Oberlippenschwellung schiefen Lächelns schnürt sich mein Herz zusammen. Gut, dass FFP2 mein Entsetzen verbirgt. »Mensch, Kerl, was hast du schon wieder angestellt?« Mein bemüht barscher Ton lässt Kevin kalt, sein Grinsen wird breiter. »Super, Doc, dass Sie mich mal wieder duzen.«

Das Du ist mir rausgerutscht, eigentlich sieze ich Patienten ab sechzehn, auch wenn ich sie seit ihrer Kindheit betreue. Kevin kam schon als Knabe oft nach Prügeleien in die Praxis, meist war er der Vermöbelte, der sich zu wenig wehrte, da er eigentlich ein aggressionsgehemmtes Kind war. Vier ältere Geschwister und eine eher bildungsferne Familie hatten ihm die Gegenwehr ausgetrieben. Allerdings konnte er sich selten heraushalten, wenn er Zeuge wurde, wie Mitschüler Schwächere drangsalierten, und ging dann in die Offensive, ohne auf körperliche oder zahlenmäßige Überlegenheit seiner Kontrahenten Rücksicht zu nehmen. Eine Lehrerin erkannte sein liebevolles Wesen und seine überdurchschnittliche Begabung; es gelang ihr, Kevins Eltern zu überreden, ihn aufs Gymnasium gehen zu lassen. In der Pubertät entdeckte der Junge den Boxsport, zunächst eher zum Selbstschutz denn aus Neigung, und eignete sich schnell eine effektive Kampftechnik an.

Schon bald konnte er mehr austeilen als einstecken, und man legte sich weniger mit ihm an. Sein Clubtrainer brachte Kevin leider dazu, mit einer Profikarriere als Boxer zu liebäugeln. Ein Jahr vor dem Abitur warf er im Sommer 2020 die Schule hin, die er schon zuvor stinklangweilig gefunden hatte und beim pandemiebedingten Homeschooling vollends als Zumutung erlebte. Sein Traum von der Championship endete jäh, als er, selbst unbeteiligt, in eine Auseinandersetzung zwischen zwei verfeindeten Jugendgangs geriet. Er erlitt eine Trümmerfraktur des Schienbeins samt schwerer Knieverletzung. Ohne Training nahm Kevin rasant an Gewicht zu, ein Problem, das durch Corona verstärkt wurde. Als kundiger EDV- und Waffenfreak fand er sofort eine gut bezahlte Anstellung bei einem Start-up-Unternehmen, das innovative und angeblich psychologisch anspruchsvolle Online-Kriegsspiele entwickelte und schnell den Markt eroberte. Zwischenzeitlich überwand Kevin den Kummer über die verpasste Karriere als Boxer, störte sich aber zunehmend an seiner »fucking fatness«. Nach Wiedereröffnung der Fitnessstudios hat er sich in ein regelmäßiges Workout gestürzt und seit Beginn des Kurses bereits neun Kilo abgenommen.

Kevin zieht weisungsgemäß sein Shirt aus, damit ich ihn auf weitere Hämatome untersuchen kann. Mit Genugtuung sehe ich, dass seine Gynäkomastie* rückläufig und die Brustmuskulatur wieder deutlich defi-

niert ist. Nun wirkt das Piercing in seiner rechten Brust-
warze auch wieder dekorativ.

Kevin erzählt, drei Jugendliche hätten im Schwimm-
bad eine »etwas mehr als vollschlanke« ältere Dame
belästigt, die friedlich ihre Bahnen zog. Sie umzingel-
ten die alte Frau, tunkten sie unter Wasser und
beschimpften sie dabei als *Schwabbelschnecke* und
Schrumpelhautmumie. Der einzige Bademeister war
anderweitig beschäftigt. Auf Kevins warnende Zurufe
reagierten die drei Kerle zunächst mit: »Halt die Fresse,
Fettklops, sonst wirst du gematscht!« Als er der Auf-
forderung nicht nachkam, kletterten sie aus dem
Schwimmbecken und versuchten ihre Ankündigung
umzusetzen. Nachdem Kevin den ersten Angreifer
zurück ins Wasser geworfen, dem zweiten einen Leber-
haken verpasst und dem dritten die Nase blutig ge-
schlagen hatte, ergriffen alle drei die Flucht. Auch die
ältere Dame machte sich angesichts der Prügelei sofort
aus dem Staub, ohne ihren Retter eines Wortes, ge-
schweige denn eines Dankes zu würdigen.

Als ich Kevin sage, Letzteres empöre mich genauso
wie das Verhalten der jugendlichen Asozialen, zuckt er
nur mit den Schultern. »That's life, Doc. Bei Ihnen
benehmen sich die Leute halbwegs anständig, die
brauchen Sie ja. Aber im richtigen Leben hauen viele
Menschen entweder gleich rein – oder sie hauen schnell
ab, wenn irgendwo Ärger in Sicht ist.«

Unter der Kompresse kommt knapp oberhalb der Augenbraue eine dreieinhalb Zentimeter lange, klaffende Platzwunde zutage, die ich nach ausgiebiger Desinfektion mit vier Stichen nähe. Eine örtliche Betäubung lehnt mein tapferer Kämpfer ab und zuckt nicht einmal. Als alles versorgt ist, schicke ich ihn schon vor ins Wartezimmer, wo nach dreißig Sekunden ein Aufschrei ertönt. Ich gebe Kevin zehn Minuten Zeit, der Gruppe seine Geschichte zu erzählen, sicher werden alle bei seinem Anblick entsetzt sein. Auch ich brauche einen Moment, um die abgeklärte Weltsicht zu verarbeiten, mit der mich Kevin so lakonisch konfrontiert hat. Der trotz *that's life* nicht wegschaut, sondern einschreitet, ohne Dank zu erwarten – oder sich auch nur über dessen Ausbleiben zu wundern.

¤

Reif für die EU?

Frau Benz hat im Wartezimmer alle Fenster geöffnet, am frühen Abend liegt die Temperatur noch immer über 25 Grad, und wir brauchen auch heute keine Masken. Als Kevin seine abnimmt, sind wir geschockt. Sein verbeultes Gesicht sieht aus, als wäre er gegen einen von Putins Panzern gelaufen, so schlimm, dass es fast schon wieder sexy ist. Nachdem er seine Story erzählt hat, haben die alten Damen feuchte Augen, und sogar Kira schaut ihn fast zärtlich an. Kevin wird von so vielen positiven Vibes ganz verlegen und sagt, wir sollten jetzt lieber über das reden, was in der Welt passiert. Zum Beispiel die Reise des Kanzlers in die Ukraine. »Wurde ja wohl auch Zeit, dass Olaf der Dröge endlich seinen Arsch hochkriegt und nach Kiew fährt – und dass er aufhört, gegen eine EU-Mitgliedschaft der Ukraine zu mauern.«

Kurz schnattern alle durcheinander und verstummen, als Frau Doktor eintritt. Wieder soll sie schiedsrichtern und uns sagen, was sie davon hält, dass plötzlich alle die Ukraine in der EU haben wollen.

»Bis dahin ist es ja noch ein langer Weg«, weicht sie aus. »Ich fände es jedoch wichtig, diesen Menschen eine Perspektive der Hoffnung zu geben. Und ein Land, dass auch die europäische Freiheit verteidigt, hat es schließlich verdient, für eine EU-Mitgliedschaft zu kandidieren.«

»Prinzipiell gebe ich Ihnen recht«, wirft Herr Wissmer ein. »Aber zunächst einmal verteidigt die Ukraine die nackte Existenz und den Fortbestand ihrer souveränen Staatsform. Es ist zwar bewundernswert, mit welcher Standhaftigkeit sie das tut, aber alternativlos ist es auch.«

»Und es ist noch längst keine Qualifikation für die EU, wenn man mithilfe der gesamten westlichen Welt um das eigene Überleben kämpft«, ergänzt der Kunz.

Er glaubt, die Zusage der Politiker, den Status als EU-Beitrittskandidat zu befürworten, wäre ein Placebo-Trostpflaster für die Ukrainer, um deren aggressive Forderungen leiser zu stellen.

Ich habe von der Chefin gelernt, was ein Placebo ist und dass so ein Scheinmedikament manchmal Wunder wirkt, wenn der Patient fest genug an das glaubt, was er sich wünscht. Am besten funktioniert das, wenn man dem Kranken nicht etwa erzählt, es gäbe keine Nebenwirkungen, sondern ihn davor warnt und ihm sagt, dass er dann tapfer sein muss.

»Da sollten sich die Politiker zur Abwechslung mal ehrlich machen!«, sagt Kira und schaut Herrn Kunz an, als hätte der die Ukraine-Politik verbrochen. Sie muss demnächst in der Schule ein Referat zu dem Thema halten und hat recherchiert. »Die Ukraine ist gar nicht reif für die EU.«

»Krieg erst mal deine eigene Reifeprüfung gebacken, bevor du den tapfersten Kämpfern für die Demokratie die demokratische Reife absprichst«, knallt Kevin ihr hin.

Kira bläht die Nasenflügel, spart sich aber Bissigkeiten. Heute mag sie sich wohl nicht mit dem Verprügelten anlegen. Dann probt sie ihr Referat: »Es gibt verschiedene Indizes, mit denen man politische Systeme von Ländern miteinander vergleichen und ihnen einen Rang zuordnen kann. Im internationalen Demokratie-Ranking liegt die Ukraine unter 176 Nationen nur auf

Platz 92, noch hinter Myanmar. Ihre Regierungsform wird zu den hybriden Demokratien gerechnet, das sind solche, die neben demokratischen auch autokratische Regimemerkmale aufweisen. Und für Korruptionsfreiheit kriegt die Ukraine beim internationalen *Transparency Index* nur 32 von 100 möglichen Punkten und liegt damit hinter Sambia. Auch die Rechtsstaatlichkeit ist ziemlich mau. Im *World Law Index* landet die Ukraine lediglich auf Platz 72.«

Kira schaut Kevin triumphierend an, wartet aber vergeblich auf ein Zeichen der Anerkennung für ihr Index-Wissen. Immerhin gibt der Prof ihr recht: »Das ist leider zutreffend. Trotz einer ehrgeizigen Reformagenda und des vermeintlich radikalen Bruchs mit der Vergangenheit unter Poroschenko und Selenskyj hat sich die ukrainische Gerichtsbarkeit nicht substanziell verändert. Die ambitionierte Umstrukturierung des Gerichtswesens hat in der Praxis nur wenige sichtbare Anzeichen eines Wandels gebracht. Wie es scheint, sind die Gerichte genauso abhängig und korrupt wie früher. Die sogenannte *Revolution der Würde* hat also das Prinzip von Artikel 1, Absatz 1 des Grundgesetzes klar verfehlt, der da lautet: ›Die Würde des Menschen ist unantastbar‹.«

»Das ist ein semantischer Quatschsatz«, sagt Frau Luxner, und die Männer sehen sie sprachlos an. Frau Glueck runzelt die Augenbrauen. »Wie bitte?«

»Die Silbe ›bar‹ am Ende eines Verbs beschreibt die Möglichkeit oder Unmöglichkeit, eine von diesem Verb bezeichnete Tätigkeit durchzuführen – machbar versus nicht machbar. ›Unantastbar‹ heißt also im Falle von Paragraf 1: ›Die Würde des Menschen kann nicht angetastet werden.‹ Ein Blick in die Welt zeigt uns täglich tausendfach das Gegenteil.«

Alle sind baff. Frau Glueck klingt etwas genervt. »Streng sprachlich gesehen ist dieser Einwand richtig; aber schließlich weiß jeder, was mit Artikel 1 des Grundgesetzes gemeint ist. Und mit der Ukraine muss man Geduld haben, Selenskyj hat schließlich bewiesen, dass er sich für Demokratie und Recht einsetzt. Auch Macron und Draghi konnten viele Reformen wegen des politischen Gegenwindes nicht kurzfristig umsetzen.«

»Genau«, nuschelt Kevin durch seine geschwollenen Lippen. »Solange die EU nicht die Eier hat, Polen und Ungarn wegen Abschaffung der Rechtsstaatlichkeit rauszuschmeißen, muss man nicht an einer Nation rummäkeln, die sich so ins Zeug legt. Und schließlich sind sich alle EU-Mitglieder einig, dass die Ukraine noch einen langen Weg vor sich hat, bis sie die Aufnahmekriterien erfüllt. Flinten-Uschi betont pausenlos, dass hier auch keine Abstriche gemacht werden. Sogar der Macron hat bei einer Rede im Europaparlament gesagt, das Verfahren könne ›Jahrzehnte‹ dauern; von dem hätte ich mehr Mumm erwartet.«

Kevin hat heute Narrenfreiheit, mit dem demolierten Gesicht kann ihm keiner böse sein. Kira muss aber trotzdem noch mal nachlegen. »Es ist wieder einmal die Zukunft meiner Generation, die von Politikern aufs Spiel gesetzt wird, die zu alt sind, um die Auswirkungen ihrer Entscheidungen noch selbst zu erleben. Auch ohne EU-Mitgliedschaft der Ukraine müssen wir uns an den 750 Milliarden für deren Wiederaufbau beteiligen. Und alles, was wir dafür zahlen, geht hier dem Klimaschutz ab.«

Kevin schüttelt den Kopf, aber Kira macht weiter.

»Dabei weiß hier kaum jemand, dass die Ukraine vor dem Krieg eins der ärmsten Länder Europas war; gemessen am Pro-Kopf-Einkommen liegen nur Moldawien und das Kosovo noch darunter.«

»Miss Friday for Future«, ätzt Kevin. »Hundert Jahre haben wir die Umwelt mit Füßen getreten. Und ausgerechnet in einer Zeit, in der hoffentlich irgendwann der Krieg vorbei ist und in einem Nachbarland halb ausgerottete Familien in zerbombten Häusern hungern, sollen wir den Klimaschutz über die Aufbauhilfe stellen?«

Ich finde Kevin cool als Drama-King und strecke den Daumen hoch. Er grinst und wirft mir mit seinem lädierten Mund eine Kusshand zu

»Na ja, die junge Dame hat nicht ganz unrecht«, findet der Kunz. »Wenn die Ukraine EU-Mitglied wird, müssen alle, und am meisten wieder wir, auf Jahrzehnte unser Geld dorthin pumpen. Obwohl die Preissteigerungen schon jetzt unseren Lebensstandard reduzieren und den sozialen Frieden gefährden.«

»Das ist eine sehr einseitige Betrachtungsweise«, sagt der Professor mit gerümpfter Nase. »Sicher wird die Ukraine uns einige finanzielle Opfer kosten. Andererseits ist das Land aber mittel- bis langfristig eine enorme Bereicherung für die EU.«

Der Kunz fragt: »Wo sehen Sie die Bereicherung in einem politischen Akt, der uns ärmer macht?«

»Die Ukraine ist neben Russland das flächenmäßig größte Land Europas und hat mit über fünfzig Prozent Anbaufläche den weltweit höchsten Anteil an fruchtbarem Ackerboden«, belehrt ihn der Prof. »Außerdem gibt es reichhaltige Bodenschätze, darunter Lithium, Kobalt und seltene Erden. Das sind genau die Rohstoffe, die für unsere Technologie unverzichtbar sind und für deren Erwerb wir uns von Russland und auch von China unabhängiger machen müssen.«

Die Chefin schaut auf die Uhr, aber Frau Glueck muss noch etwas loswerden. »Ging es Ihnen auch so, dass Sie bei dieser Reise nach Kiew ein Attentat auf den Kanzler und vielleicht sogar auf alle drei Regierungschefs befürchtet haben?«, fragt sie in die Runde. »Schließlich sind Scholz, Macron und Draghi alle in einem Zug gefahren.«

»Ich hatte auch Bedenken«, sagt Frau Luxner, »aber ich dachte mir, dass die Russen unseren Kanzler beschützen würden.«

Alle tun so, als hätten sie das nicht gehört, und denken wahrscheinlich: Demenz. Frau Luxner blickt fragend in die Runde und wartet auf eine Antwort. Frau Doktor springt ein. »Da haben Sie sich wohl versprochen, Sie meinten sicher, die *Ukrainer* würden Olaf Scholz beschützen.«

»Keineswegs, Frau Doktor«, antwortet Frau Luxner. »Ich habe befürchtet, die Ukrainer würden ein Attentat auf den Scholz verüben und alle Welt glauben lassen, das seien die Russen gewesen. Dann wären vielleicht sogar die Chinesen sauer auf Putin gewesen. Und in Deutschland wäre der grüne Vizekanzler Baerbeck Regierungschef geworden, der hätte dann viel schneller schwere Waffen in die Ukraine geliefert.«

Betretenes Schweigen, die Hirne rattern. Alle fragen sich, ob sie auf diese krasse Idee eingehen oder sie höflich übergehen sollen. Nur Kevin reagiert. »Frau Luxner, die Ukrainer sind doch die Guten. Die bringen nicht einfach ihre Verbündeten um.«

Frau Luxner holt Luft, aber bevor sie sich noch mal blamiert, komme ich ihr zuvor. »Gut und böse ist selten einfach! Unrecht zu erleiden macht Menschen nicht besser. Und wenn das Unrecht groß genug ist, greift der Gute auch mal zu den Waffen des Bösen.«

Stille. Fast andächtig. Und dann kommt die Belohnung des Tages von der Chefin, als sie sagt: »Ich danke Amira für dieses wunderbare Schlusswort.« Alle klopfen auf den Tisch, und ich kriege heiße Backen. Dann kündigt Frau Doktor das heutige Thema an: *Wie stärke ich meine körperliche Resilienz in Krisenzeiten?*

11. Juli

Das brillante Hirn und die Benzos

Die Waage zeigt sechs Kilo weniger, auch sonst ist Elena Luxner wieder fast ihr *old sweet self*. Ihre Haare sind stufig geschnitten und frisch gefärbt; sie ist diskret geschminkt und trägt einen modischen Hosenanzug, der ihre Fülle schlank zaubert.

In ihren luziden Phasen ist Frau Luxner eine blitzgescheite Person. Die promovierte Ingenieurin hatte früher den Einsatz radioaktiv markierter, monoklonaler Antikörper* in der Tumortherapie erforscht und leitete an ihrem Institut ein zehnköpfiges Team qualifizierter Männer. Bei ihren seltenen Praxisbesuchen freute ich mich stets auf spannende Gespräche, in denen sie mich mit messerscharfem Geist und trockenem Humor beeindruckte. Bis vor drei Jahren lebte Frau Luxner in inniger Hassliebe mit ihrer Tochter zusammen. Sie hatte Leonie mit Anfang vierzig als Ergebnis eines One-Night-Stands nach dem Gesellschaftsabend eines Meetings der Internationalen Atomenergiebehörde geboren und allein aufgezogen. Die junge Frau war mit dreißig noch immer Studentin. Die leidenschaftliche Umweltschutzaktivistin und Atomkraftgegnerin stritt sich ständig mit ihrer Mutter, nahm aber gerne weiterhin den Komfort von

Hotel Mama in Anspruch. Als Leonie sich auf einer Kundgebung in einen indigenen Greenpeace-Aktivisten verliebte und mit ihm nach Australien auswanderte, war Frau Luxner am Boden zerstört. Bereits der Eintritt in den Ruhestand mit seinem Bedeutungsverlust hatte ihr psychisch sehr zugesetzt; doch das plötzliche Alleinsein brachte sie vollends aus der Balance, sie zog sich aus dem Freundeskreis zurück, auch kognitiv baute sie rasant ab. Das Essen, dem sie immer gerne zugesprochen hatte, wurde ihre einzige Leidenschaft.

Ihre Schlaflosigkeit bekämpfte Frau Luxner mit Benzodiazepinen* und entwickelte schon einige Monate später erste demenzielle Symptome. Sie selbst ordnete diesen kognitiven Abbau schonungslos ein, verweigerte sich aber einer entsprechenden Diagnostik. »Was soll es nützen, wenn man nachweist, dass ich diese unheilbare Alzheimerkrankheit habe, solange ich noch klar genug im Kopf bin, um unter der Diagnose zu leiden?«

Dem Vorschlag, die Benzodiazepine abzusetzen, stimmte sie widerwillig zu, nutzte jedoch meinen nächsten Urlaub, um sie sich von meiner Vertretung erneut verschreiben zu lassen. Ich war dann streng mit ihr, und der zweite Entzug glückte nach langsamer, aber konsequenter Dosisreduktion. Die kognitiven Defizite waren in der Folgezeit rasch rückläufig, Frau Luxners brillantes Hirn blitzte wieder durch den Schleier der vermeintlichen Demenz. Nie werde ich ihr Strahlen vergessen, als ich ihr erklärte, dass Benzodiazepine nicht selten zu pseudodemenziellen Symptomen führten, die als Symptome von M. Alzheimer fehlgedeutet würden. Ein halbes Jahr blieb ihr kognitives Leistungsniveau stabil, verschlechterte sich dann aber wieder so stetig, dass ich an der Diagnose einer beginnenden Demenz nicht mehr ernsthaft zweifelte. Frau Luxner in die Gruppe einzuladen, war ein Versuch, sie nicht nur aus ihrer Isolation herauszulocken, sondern auch regelmäßig ihre weitere Entwicklung zu beobachten. Mit Genugtuung hatte ich festgestellt, dass sich ihr Geist wieder aufzuhellen schien.

Ich biete Frau Luxner einen Tee an, den sie dankend akzeptiert. Nach ihrem Befinden befragt, sagt sie ohne weitere Umschweife: »Frau Doktor, ich wäre jetzt bereit, die neurologische Abklärung machen zu lassen.«

Ich bin freudig überrascht und bitte Frau Benz, der Gruppe auszurichten, wir kämen etwas später.

Auf die Frage, was ihren Sinneswandel bewirkt habe, gesteht mir Frau Luxner, sie müsse etwas beichten. Nachdem wir seinerzeit das Lorazepam* abgesetzt hatten, verbesserte sich zwar die Hirnleistung, doch sie fühlte sich schlechter, nachts geriet sie in schwarze Spiralen der Angst vor Vergreisung und einsamem Sterben. Sie suchte nach einer Alternative zum Lorazepam und fand ein rezeptfreies Schlafmittel, das auch bei Grippesymptomen Anwendung findet und ihr als harmlos verkauft wurde. Allerdings waren die Tabletten weniger wirksam, also musste sie kontinuierlich die Dosis steigern. Sie bemerkte zwar phasenweise den erneuten geistigen Abbau, brachte ihn zunächst aber nicht mit dem Schlafmittel in Zusammenhang. Kiras Bemerkung in der zweiten Gruppensitzung über Frau Luxners ›Expertentum in Sachen Alzheimer‹ rüttelte sie wach wie eine eisige Dusche und veranlasste sie zu recherchieren. Ihr Entsetzen war groß, als sie herausfand, dass Doxylamin* ebenfalls auf der Liste von Medikamenten stand, die eine Pseudodemenz verursachen konnten. Sie schämte sich, mit mir darüber zu sprechen, und setzte das Medikament selbstständig stufenweise ab. Die Schlafstörungen bekämpfte sie mit ausgiebigem Training auf dem Fahrradergometer ihrer Tochter.

Frau Luxner senkt den Kopf, als erwarte sie eine Rüge, und ein fragender Augenaufschlag legt ihre Stirn in Falten. Ich berühre kurz ihre Hand. »Ihre Scham kann ich zwar verstehen, aber sie ist ganz und gar unbegründet. Einen kalten Entzug alleine durchzuziehen ist eine bewundernswerte Leistung. Darauf können Sie stolz sein!« Ein erleichtertes Lächeln glättet ihr Gesicht. »Und mit dem Training haben Sie intuitiv genau das Richtige getan«, füge ich hinzu. »Nicht nur gegen die Schlafstörungen, sondern auch für die Hirnfunktion.«

»Das verdanke ich Ihnen«, schmeichelt Frau Luxner. »Sie haben uns zu Beginn des Kurses das Buch von dieser italienischen Neurowissenschaftlerin empfohlen, den Namen habe ich vergessen, aber er klang nach Balkan.«

»Balkan war schon ziemlich gut«, antworte ich. »Ihr Name ist *Macedonia*.«

»Genau! Frau Macedonia hat gezeigt, dass Kinder mit körperlicher Bewegung effektiver lernen und Erwachsene kognitiv leistungsfähiger sind. Und am meisten haben mich die Studien beeindruckt, die zeigten, dass Ältere langsamer altern und verzögert veralzen.«

Wir lachen gemeinsam über diese Wortschöpfung, dann wird Frau Luxner wieder ernst. »Auch wenn es mir derzeit besser geht, ist die Diagnose Alzheimer damit noch nicht aus der Welt. Sie haben ja gerade gesehen ...«

»Das passiert mir auch manchmal«, beschwichtige ich. »Wenn alle Menschen Alzheimer hätten, deren Namensgedächtnis manchmal versagt ...«

Frau Luxner lächelt mich an, bleibt aber skeptisch. »Nett, wie Sie mich trösten. Aber ich merke deutlich den Unterschied zu früher. Ich habe immer wieder Gedächtnislücken und Wortfindungsstörungen. Und falls sich die Demenz-Diagnose bestätigt, will ich mich beizeiten um eine fachgerechte Unterbringung in einer spezialisierten Institution kümmern.«

Ich spüre ihre Traurigkeit bei diesem Gedanken. »Kümmern ist immer gut. Im Sinne von sich umzuschauen, was es so gibt, auch wenn kein akuter Handlungsbedarf besteht.«

»Handeln soll man, solange man noch handlungsfähig ist«, sagt Frau Luxner, und wieder empfinde ich ihren Ton als resigniert. Doch dann strafft sie die Schultern und lächelt mich an.

»Sie haben ja recht, es ging mir lange nicht so gut. Aus Ihrem Munde bekam das Wörtchen ›Pseudo‹ eine ganz neue Bedeutung, und ich hoffe zuversichtlich, dass Ihr ›Pseudo‹ sich bestätigt. Aber wenn nicht, will ich meiner Tochter auf keinen Fall zur Last fallen. Außer Leonie habe ich keine näheren Angehörigen, und sie lebt am anderen Ende der Welt. Oft hat sie mich spüren lassen, dass ich keine gute Mutter war. Immer zu viel Arbeit – und noch nicht mal einen Vater konnte ich ihr bieten. Dabei ist sie das Allerwichtigste in meinem Leben, und ich wünsche mir so, sie bald wiederzusehen, jetzt wo Corona sie nicht mehr am Reisen hindert.«

Frau Luxner macht einen Moment Pause und schaut der Stubenfliege nach, die seit Stunden im Sturzflug durch mein Sprechzimmer brummt.

»Ich brauche Gewissheit, woran ich bin«, fährt sie fort. »Und ob es eine realistische Chance gibt, dass wir uns wieder nahekommen.«

»Verlorene Nähe findet man manchmal, indem man beschließt, sie zu suchen«, sage ich. »Leo wünscht sich das sicher ebenso. Ich hatte oft den Eindruck, Sie beide sind sich viel ähnlicher, als Sie es selbst wahrhaben wollten.«

Frau Luxners Lachen klingt unbeschwert, als sie sagt: »Eine gute Ärztin erkennt man daran, dass sie ihren Patienten Euphemismus als Optimismus verkauft. Und bei Ihnen kaufe ich immer gerne!«

Ich vereinbare einen Termin bei einem Neurologen meines Vertrauens. Als Zeichen seiner persönlichen Verbundenheit sagt mir der Kollege die erste Konsultation bereits in vier Wochen zu.

¤

Atomkraft – ja bitte?

Mal wieder kommt die Chefin später. Nach dieser Mitteilung stellt Frau Benz die veganen Fruchtgummis auf den Tisch, natürlich ohne Zucker, von unserem Biobauern angeblich selbst gemacht. Wegen der 25 Grad sind wieder alle Fenster offen, und es gibt Ingwertee mit Eis. Die Benz richtet mir flüsternd von Frau Doktor aus, ich solle gut aufpassen, damit ich ihr alles erzählen kann, was in ihrer Abwesenheit besprochen wird. Den Auftrag gebe ich an die Aufnahmetaste vom Smartphone weiter.

Alle sind heute sommerlich gekleidet, der Wissmer ist zum ersten Mal ohne Schlips da. Kevins Muscle Shirt ist ärmellos, so wird das Tattoo an seinem linken Oberarm sichtbar: Ein Drache, dem ein kleiner Affe auf dem Kopf rumtanzt, wenn der Bizeps sich spannt. Kira trägt Bermudas, beim Beine-Enthaaren ist ihr wohl die Rasierklinge ausgerutscht, und sie hat sich die strammen Waden verschrammt. Die Glueck hat ein knallbuntes Marc Cain Halbarmshirt mit Dschungelblumen an. Nur der Kunz ist wie immer in seiner Dienstuniform erschienen: Anzug und ein besonders scheußlicher Schlips mit Hahnentrittmuster.

Auf dem stummen Bildschirm sieht man eine Reportage über die Hochzeit von Christian Lindner, der seine Franca Lehfeldt im Arm hat, die Braut trägt ein cremeweißes, rückenfreies Kleid. Laut *Gala* eine Sonderedition von Kate Halfpenny Harrods, das fast zehntausend Euro kostet. Zur standesamtlichen Trauung war sie bescheiden, da trug sie einen Jumpsuit von Safiyaa für nur 1.600 Euro. Der Strampelanzug war knalleng und aus Elfenbeinkrepp. Diese knackige Braut braucht keinen Kurs über gesundes Essen; da kann man ganz neidisch werden. Lindners Anzug ist so blau wie der Himmel von Malle im TUI-Prospekt, das Jackett sitzt perfekt über dem abgespeckten Bauch. Angeblich hat er mit der 18/6-Diät zwölf Kilo abgenommen. Auch sein Gesicht ist nicht mehr so rund wie früher. Ich habe die Chefin gefragt, wie sie Intervallfasten findet, sie sagt, das ist zwar erfolgreich, aber nur kurzfristig, weil man dabei nicht lernt, die Ernährungsgewohnheiten dauerhaft umzustellen. Für Politiker ist Abnehmen sicher schwierig, weil sie so oft auf Meetings und Empfänge müssen, wo Häppchen und Drinks angeboten werden. Mal sehen, wie lange es dauert, bis Lindners Gesicht wieder rund wird und er aussieht wie ein alt gewordenes Mondkalb.

Alle finden die Bilder des Glamour-Brautpaares peinlich. »Protzhochzeit ist Kotzhochzeit«, schimpft Kevin. »Uns erzählen die Politiker, wir sollen sparen, und der Lindner labert über ›Gratismentalität‹, wenn arme Leute weiter billig Öffis fahren wollen. Zu seiner Hochzeit kommt niemand mit den Öffis, da fliegt Friedrich der Große mit dem Privatjet ein, immerhin spart er den Piloten und steuert seine Diamond DA62 persönlich. Übrigens stand auf der Wunschliste des Braupaars unter anderem eine Suppenterrine der Königlich Kopenhagener Porzellan Manufaktur, die kostet tausend Euro.«

»Obszön!«, entrüstet sich auch die Glueck. »Und noch nicht einmal der Bundeskanzler ist sich zu schade, bei dieser Geschmacklosigkeit mitzufeiern. Mit seiner Anwesenheit legitimiert er die Hochzeit und macht sie durch den eigenen Personenschutz noch teurer für die Steuerzahler, von denen viele nicht wissen, wie sie ihre Gasrechnung bezahlen sollen.«

»Jeder spart auf seine Weise«, antwortet der Wissmer und lacht. »Für die Lindners heißt Sparen, dass man keine Kirchensteuer zahlt und sich trotzdem kirchlich trauen lässt.«

Auch Kira mischt mit: »Und beim Austernschlabbern und Schampusschlürfen kungeln sie dann in der Hochzeitsnacht alle zusammen eine Laufzeitverlängerung für Atomkraftwerke aus.«

Die Tür geht auf: Frau Doktor mit Frau Luxner im Schlepptau. Die ist heute richtig chic, beide lächeln irgendwie glücklich. »Schampusschlürfen und Atomkraft?«, fragt die Chefin. »Was haben wir denn da wieder verpasst?«

Diesmal berichtet die Glueck, was wir diskutiert haben. Die Chefin fragt, was die Gruppe von einer Laufzeitverlängerung für AKW halten würde.

Wenn es um Umwelt geht, ist Kira immer kiebig, schließlich ist sie bei Friday for Future. »War ja zu erwarten, dass die beschissene Atomkraftlobby mal wieder zuschlägt. Die Kernkraftwerke müssen endlich vom Netz. Dass man diese lebensgefährlichen Reaktoren weiterlaufen lässt, wird die Jugend nicht mitmachen!«

Natürlich widerspricht der Kunz, gerade kippen die Politiker ja reihenweise um mit dem Ausstieg vom Ausstieg. »Wir alle wollen so schnell wie möglich von der Kernkraft wegkommen, aber wir betreiben jetzt über fünfzig Jahre AKW in Deutschland, und nie ist bei uns etwas Bedrohliches passiert. Da muss man sich schon fragen, ob jetzt, wo uns Russland den Gashahn abdreht, der richtige Zeitpunkt ist – oder ob man die drei verbliebenen Kraftwerke so lange in Betrieb lässt, bis wir mit den erneuerbaren Energien weiter sind und uns anderswo Gas besorgt haben. Auch und gerade im Sinne des Klimaschutzes, schließlich ist Atomkraft im Gegensatz zu Gas und vor allem zu Kohle CO_2-neutral.«

Kevin deutet mit dem rechten Zeigefinger auf den Kunz, der silbrige Totenkopf blitzt auf seinem schwarzen Ring. »Nee, Herr Bürgermeister in spe: Es gibt überhaupt keine emissionsfreie Energie! Auch die Kernkraft produziert etwa dreißig Gramm CO_2-Ausstoß pro Kilowattstunde, allerdings kommt da noch einiges bei der Entsorgung hinzu, das man gar nicht genau abschätzen kann. Das ist zwar viel weniger als bei Erdgas mit über vierhundert und bei Kohle mit um die tausend Gramm. Aber man sollte nicht so tun, als wäre Kernenergie saubere Energie.«

Die beiden funkeln sich böse an, Frau Glueck macht mal wieder einen auf Mediatorin, indem sie den Ball ausgerechnet an mich weiterspielt. »Amira, was sagen Sie denn dazu, so als Dritte in der Jugendfraktion?«

Meine Achseln werden feucht, aber ich will mich nicht drücken. »Das mit weniger Russengas fände ich gut«, sage ich und versuche mich zu erinnern, was ich neulich im Radio gehört habe. »Aber ich hätte Angst, dass uns die AKWs dann demnächst um die Ohren fliegen, erstens, weil alle schon seit Ende der 80-er Jahre in Betrieb sind, und zweitens, weil man keine Nachrüstungen und nur noch die notwendigsten Updates macht. Die Betreiber wissen schon seit Jahren, dass ihre Reaktoren bald für immer abgedreht werden, da wären sie ja blöd, wenn sie noch viel Geld für Ersatzteile und Wartung rausgeschmissen hätten.«

»Sehr richtig!«, lobt Frau Glueck. »Und wer sagt uns, dass nicht so was passiert wie bei 9/11?«

Der Kunz legt die Handflächen senkrecht aneinander und beugt sich zu Frau Glueck. »Ich stimme Ihnen natürlich zu, dass wir vor solchen Katastrophen großen Respekt haben sollten, aber soweit ich weiß, sind unsere Kernkraftwerke sehr sicher, sie überstehen sogar einen Flugzeugabsturz.«

Alle schauen ungläubig, Kevin daddelt auf seinem Handy und murmelt was von googeln. Frau Doktor sieht ihn scharf an; während der Sitzungen herrscht nämlich striktes Handyverbot. Brav steckt er sein iPhone in die Cargohose und sagt: »Sorry, Frau Doktor, wir sprachen gerade darüber, was passiert, wenn ein Flugzeug auf ein Kernkraftwerk knallt; da wollte ich das kurz recherchieren.«

Die Chefin antwortet: »Ich glaube, zu diesem Thema kann uns Frau Dr. Luxner mehr sagen als Dr. Google. Sie war schließlich Ingenieurin für Kernforschung. Was meinen Sie zu diesem Katastrophenszenario?«

Fassungslosigkeit wabert durch den Raum.

»Echt jetzt?«, fragt Kevin. »Frau *Doktor* Luxner? Kernforschung? Wie geil ist das denn?!«

Die Luxner wird rosa und macht ein verlegenes Gesicht. »Na ja, genauer gesagt war ich in der nuklearmedizinischen Forschung tätig, aber das Thema Reaktorsicherheit hat mich immer interessiert.« Das Rosa lässt sie zehn Jahre jünger aussehen.

Der Wissmer hat bisher noch gar nichts gesagt. Aber jetzt: »Nuklearmedizin? Das ist beeindruckend. Wenn Sie sich außerdem für das Thema Reaktorsicherheit interessiert haben, können Sie uns vielleicht erklären, warum in Europa nur Deutschland und Belgien konkret den Atomausstieg planen? In Frankreich, Finnland und der Slowakei werden neue AKW gebaut, in Polen startet man sogar ein neues Kernenergieprogramm. Insgesamt gibt es in Europa noch über hundert Kernkraftwerke – und damit ein Viertel der weltweiten AKW. Davon steht die Hälfte in unserem Nachbarland Frankreich. Was bringt es da, wenn Deutschland den Musterschüler macht?«

»Fehlentscheidungen werden nicht dadurch richtiger, dass sie von vielen getroffen werden«, geht die Glueck dazwischen. »Und immerhin betreiben dreizehn der siebenundzwanzig EU-Mitgliedstaaten keine Kernkraftwerke.« Als sie merkt, dass sie eigentlich gar nicht dran war, schlägt sie sich erschrocken die Hand vor den lipglossigen Mund.

»Sorry, Frau Dr. Luxner, ich wollte Ihnen keinesfalls vorgreifen.«

Ich glaube, die Luxner genießt die plötzliche Aufmerksamkeit. Sie kriegt richtig leuchtende Augen. »Was die betriebliche Sicherheit betrifft, stimme ich Ihnen zu, dass es in Friedenszeiten keinen zwingenden Grund gäbe, die AKW nicht noch ein oder zwei Jahre laufen zu lassen, auch wenn Fräulein Amira nicht unrecht hat mit den Nachrüstungen. Aber ...«

Ich fühle mich gebauchpinselt, doch dann bricht Frau Luxner ab, und ich fürchte, sie hat mal wieder den Faden verloren. Das ist ihr früher dauernd passiert, manchmal mitten im Satz; in den letzten Wochen allerdings seltener.

»Nun haben wir Krieg«, spricht die Luxner weiter. »Und ich glaube, da sind Flugzeugabstürze gar nicht das denkbar größte Problem.«

Sie macht wieder eine Pause, gerade wo es spannend wird, und rührt in ihrem Ingwer-Eistee. »Nach 9/11 wurde im Flugsimulator die Widerstandsfähigkeit deutscher AKW gegen gezielte Flugzeugabstürze mit einem Programm namens ABAQUS simuliert. Damit kann man die zu erwartenden Gebäudeschäden modellieren, also ausrechnen, was passiert, wenn Flugzeuge von verschiedener Größe und Geschwindigkeit und in unterschiedlichen Winkeln auf das AKW prallen. Die Berechnungen ergaben, dass die Auswirkungen beim Absturz eines herkömmlichen Kampfjets wie der Phantom beherrschbar wäre, ebenso bei mittelgroßen Passagierflugzeugen wie dem Airbus A 340. Allerdings gibt es keine Modellierung für den größeren A 380 und auch nicht für militärische oder zivile Spezialflugzeuge.«

Frau Luxner holt Luft und setzt ihre Tasse ab, der Löffel fällt auf den Boden. Kevin hebt ihn auf, sie lächelt ihn an. »Vielen Dank. Wo waren wir stehen geblieben? Ich fürchte, ich habe den Faden verloren.«

Ich frage mich, ob es schlau von der Chefin war, die Luxner vor der Gruppe als Expertin zu outen. Ich versuche zu helfen. »Wenn Sie sagen, Flugzeugabstürze wären nicht das größte Problem, was ist für Sie denn dann eine schlimmere Bedrohung?« Als sie nicht sofort antwortet, springt der Professor ein: »Ich würde den Russen ein gezieltes Selbstmordattentat wie 9/11 eigentlich nicht zutrauen. Interessant wäre, was ein Bombenangriff anrichten würde und ob wir uns vorstellen müssen, dass Putin zu solchen Mitteln greift.«

»Jetzt hab ich's wieder«, antwortet Frau Luxner und sieht ganz erleichtert aus. »Ob ein Bombenangriff in Deutschland wahrscheinlich ist, kann ich nicht beurteilen; sicher kann man aber sagen, dass kein Kernkraftwerk der Welt darauf ausgelegt ist, einen solchen Angriff unbeschadet zu überstehen. Obwohl die AKW überwiegend in der Zeit des Kalten Krieges entstanden, ging man wohl erstaunlicherweise davon aus, dass bei uns der Frieden von Dauer wäre. Erst nach 2001 wurden dann alle möglichen Attentatsszenarien durchgespielt. Eine echte Horrorvision war unter anderem ein verheerender Feuersturm durch flüssige Gas-Treibstoff-Gemische, beispielsweise durch LNG-Tanks*. Man simulierte die Auswirkungen, wenn solche Flüssiggasbehälter von Flugzeugen oder Drohnen auf einen Reaktor abgeworfen würden.«

Meine Nackenhaare stellen sich auf, als würde eine Spinne mit haarigen Beinen über meinen Hals krabbeln.

Frau Glueck nimmt Sprengstoff raus. »Ich glaube nicht, dass Putin sich auf diese Weise mit NATO-Mitgliedsstaaten anlegt. Wenn überhaupt, dann passiert so etwas eher in der Ukraine, falls die russische Armee im konventionellen Krieg weiterhin so schleppend vorankommt.«

Der Prof, der ihr sonst meistens recht gibt, schüttelt den Kopf. »Eigentlich kann Putin kein Interesse an verbrannter Erde haben. Die Russen wollen sich doch die Landwirtschaft und die Rohstoffe der Ukraine aneignen. Niemand kauft radioaktiv verseuchten Weizen. Und aus kontaminierter Erde kann man keine Bodenschätze bergen.«

»Die Russen müssen die AKW gar nicht bombardieren«, sagt Kevin. »Wissen Sie noch, wie das Stuxnet-Virus 2010 im Iran die Urananreicherungsanlagen lahmgelegt hat? Ein ähnlicher Cyberangriff tut es auch.

In der Ukraine wird fast die Hälfte der Energie aus den vier Atomkraftwerken gewonnen. Wenn Putin die vor dem Winter durch einen Hackerangriff außer Betrieb nimmt, kann er sich viele Kampfeinsätze sparen, und tiefgefrorene Soldaten kämpfen nicht. Die Leute in der Ukraine erfrieren einfach – und wer überlebt, kapituliert freiwillig.«

Die Stille ist wie Blei. Die Chefin sagt: »Ich schlage vor, diese Schreckensszenarien zu verlassen und zur politischen Diskussion über eine mögliche Laufzeitverlängerung der AKW in Deutschland zurückzukehren.«

Als keiner was sagt, macht sie selbst den Anfang: »Von Atomkraftbefürwortern hört man immer, die Kernenergie wäre so kostengünstig. Atomkraftgegner und die Grünen argumentieren hingegen, sie sei eine besonders teure Art der Energiegewinnung. Das gilt angeblich sowohl für die Investitionen in die Gebäudetechnik als auch für die Unterhaltskosten und den Bedarf an qualifiziertem Personal, um die Sicherheit zu gewährleisten. Was stimmt denn nun?«

»Kommt ganz drauf an, wie man's rechnet«, wirft Kevin ein. »Kaum jemand macht sich die Mühe, die Daten wirklich anzusehen, dann wird irgendeine Grafik ins Netz gestellt, und alle plappern die Werte nach.«

»Jetzt werden Sie uns gleich wieder irgendwelche Zahlen um die Ohren hauen«, stöhnt Herr Kunz

»Na hoffentlich!«, sagt Frau Glueck.

Kevin schaut die Chefin fragend an. Als die nickt, legt er los. »Der Deutsche Bundestag hat im letzten Jahr seinen wissenschaftlichen Dienst mit einer vergleichenden Untersuchung zu den Gestehungskosten der Stromerzeugung verschiedener Energiegewinnungsmethoden beauftragt. Und wisst ihr, was der Gag ist?«

Er lehnt sich genüsslich auf seinem Stuhl zurück, bevor er weiterredet. »Für Deutschland gibt es keine aktuellen Daten! Man fand es überflüssig, die zu erheben, weil ja für 2022 der Ausstieg geplant war. Interessanterweise gibt das BMWK* aber trotzdem den Preis pro Kilowattstunde mit vierzehn bis neunzehn Cent an, ein Wert, der in keiner der internationalen Studien erreicht wird. In dem Papier des wissenschaftlichen Dienstes werden neun Studien ausgewertet, die den Preis pro Kilowattstunde berechnen. Dafür gibt es Algorithmen, in die verschiedene Parameter wie Investition, Kosten für Wartung und Unterhalt eingehen. Außerdem Finanzierungskonditionen, die Einnahmen entsprechend der Menge an produziertem Strom und verschiedene Risiken. Die Erhebungen kamen zu total unterschiedlichen und kaum vergleichbaren Ergebnissen. Es gibt nämlich keine einheitlichen Bewertungsmaßstäbe, wie man zum Beispiel die Risiken eines nuklearen Unfalls einschätzt oder das Management der radioaktiven Abfälle. Außerdem sind die Ergebnisse stark vom Zeitpunkt der Berechnung abhängig und davon, ob es sich um eine moderne oder veraltete Technologie handelt und ob die Geräte neu oder abgeschrieben sind. Die Werte schwanken für Kernkraft zwischen zweieinhalb Cent bei abgeschriebenen AKW und sechzehn Cent bei neuen Anlagen. In allen Studien, die Atomkraft mit erneuerbaren Energien vergleichen, war Offshore-Windkraft am teuersten mit einem mittleren Wert von sechseinhalb bis maximal sechsundzwanzig Cent pro Kilowattstunde. Die Angaben für Fotovoltaik auf dem Dach schwanken zwischen viereinhalb und bis zu sechsundzwanzig Cent. Zum Vergleich: Kohle liegt zwischen zehn und zwanzig und Gas zwischen acht und dreizehn Cent pro Kilowattstunde.«

Der Kunz verdreht die Augen, der Wissmer scharrt mit den Füßen, und mir schwirrt der Kopf. Die meisten Menschen mögen es ja lieber, wenn man ihnen wichtige Infos wie Marshmallows in leicht verdaulichen Häppchen serviert.

Wenn's um Geld geht, muss der Kunz mitmischen. »Falls ich Ihren Zahlensalat richtig verstehe, produzieren in dieser Studie abgeschriebene AKW aber billiger als die Quellen erneuerbarer Energie; damit wäre die Forderung nach einer Laufzeitverlängerung eben doch berechtigt.«

»Wie man's nimmt«, kontert Kevin. »Wenn man es mit einer eindimensionalen BWLer-Brille sieht, dann vielleicht schon. Aber die Wissenschaftler weisen auch darauf hin, dass die Kosten für die Erzeugung erneuerbarer Energien in den letzten Jahren deutlich abgenommen haben und das weiter tun werden, im Gegensatz zu den Kosten für AKW, besonders bei einer Laufzeitverlängerung. Für die Entsorgung der dreiundzwanzig stillgelegten Meiler hat die Studie jetzt schon fünfzig Milliarden veranschlagt.«

»Die Kosten für erneuerbare Energien mögen gesunken sein, werden aber wegen der Lieferengpässe wieder steigen«, widerspricht der Kunz. »Man tut immer so, als wäre die Umstellung auf erneuerbare Energie nur eine Frage des politischen Willens. Aber man muss die Technologie ja erst mal produzieren. Für Windkrafträder und Solartechnik braucht man Halbleiter und seltene Erden, die sind derzeit knapp. Und selbst wenn die Politik beschließt, höhere Preise in Kauf zu nehmen, kann man ohne die notwendigen Materialien die Produktion nicht beschleunigen.«

Kira sagt: »Dann denken Sie doch mal an die Folgekosten eines nuklearen Unfalls wie Tschernobyl oder Fukushima ...«

»Was bei uns aber doch eher unwahrscheinlich ist«, wiegelt der Wissmer ab. »Hingegen muss man mit an Sicherheit grenzender Wahrscheinlichkeit mit einem Energiemangel im nächsten Winter rechnen.«

»Da bin ich bei Ihnen«, stimmt Kevin zu. »Und wie wäre es bei einem Blackout? Wir hatten in letzter Zeit verstärkt regionale Stromausfälle. Bei einem länger dauernden Stromausfall, zum Beispiel durch einen Hackerangriff, versagt die Kühlung der Brennstäbe in den AKW, und dann haben auch wir unser Fukushima. Und das für eine Technologie, die nur sechs Prozent des Gesamtenergiebedarfes produziert. Und keine Wärme.«

»Vielleicht reicht ja schon der Klimawandel, um eine Katastrophe herbeizuführen«, sagt Kira. »Wenn das so weitergeht, gibt es irgendwann kein Kühlwasser mehr und eine Kernschmelze.«

Klingt für mich alles unlösbar. Die Chefin schaut auf die Uhr und sagt: »Ihr Lieben, so langsam sollten wir ...«

Herr Kunz lächelt sie an. »Wenn Sie gestatten, Frau Doktor, bevor Sie mit dem Kurs beginnen, auf den wir uns alle sehr freuen, würde ich abschließend gerne so etwas wie ein politisches Stimmungsbild der Gruppe einfangen. Ist Ihnen das recht?«

Die Chefin nickt, und der Kunz startet seine Wahlveranstaltung. »Meine Position habe ich ja schon preisgegeben. Sie deckt sich nach jüngsten Meinungsumfragen mit fünfundsiebzig Prozent der Bundesbürger, die eine temporäre Ausdehnung der Laufzeit unser verbliebenen drei AKW befürworten. Darf ich Sie, verehrte Frau Dr. Luxner, als fachliche Expertin, bitten, freundlicherweise Ihre Meinung mit uns teilen, ob Sie sich für oder gegen eine vorübergehende Laufzeitverlängerung der AKW aussprechen?«

»Sie dürfen«, sagt Frau Luxner, und in ihrem Blick ist wieder so eine Ebbe wie manchmal, wenn sie den Faden verliert. »Verzeihung, was war noch mal Ihre Frage?«

Der Kunz wiederholt, und Frau Luxner strahlt wieder: »Ach ja, natürlich, das ist einfach«, antwortet sie, und alle halten die Luft an. »Ich enthalte mich. Je mehr man nämlich über dieses Thema weiß, umso mehr wird einem bewusst, dass man zu wenig weiß, um zu wissen, was für die Menschen besser ist.«

Kevin: »Cooler kann man das nicht auf den Punkt bringen. Ich auch Enthaltung!«

Kira: »Geht mir ebenso.«

»Me too«, sage ich und bin froh, dass niemand nach einer Begründung fragt.

Frau Glueck: »Ich war absolut dagegen, aber wenn ich höre, dass Kohle fast tausendmal mehr CO_2 produziert als Kernkraft und dass unsre AKW sogar einen Flugzeugabsturz überstehen, dann muss ich noch mal über eine Laufzeitverlängerung nachdenken. Enthaltung.«

Herr Wissmer: »Ich habe bislang in Anbetracht der akuten Energiekrise einen Streckbetrieb befürwortet, aber nachdem ich diese Katastrophenszenarien gehört habe, muss ich das auch noch mal überdenken. Die jüngste Geschichte hat uns ja gelehrt, wie gefährlich es ist, sich darauf zu verlassen, dass ein Risiko gering ist, nur weil man sich das entsprechende Szenario nicht vorstellen kann oder will. Ich enthalte mich ebenfalls.«

»Da sieht man mal wieder, dass man sich auch auf Meinungsumfragen nicht verlassen kann«, seufzt Herr Kunz. »Frau Doktor, habe ich denn wenigstens Sie auf meiner Seite?«

»Wenn es um Ihre Gesundheit geht, immer«, antwortet die Chefin. »Ansonsten bin ich froh, diese Frage nicht politisch entscheiden zu müssen. Und nun wenden wir uns vor der Sommerpause einem Thema zu, das zum Wetter passt: *Ernährung und Sport bei Hitze.*«

19. August

Der Tod und die Tochter

Die Zecke hat sich am Blut des 82-jährigen Patienten satt gesoffen und an seinem Hodensack festgesaugt. Schon beim Ablegen der fleckigen Unterhose werde ich in eine ammoniakalische Duftwolke von ungewaschenem Genital gehüllt. Ich rücke dem fingerendgliedgroßen Wesen mit der Zeckenzange zu Leibe. Noch immer liegt die Temperatur bei fast dreißig Grad, und ich gerate ins Schwitzen bei dem Versuch, das prallelastische, schlecht zu packende Biest rückstandsfrei zu entfernen. Nach gelungener Operation halte ich es dem Patienten unter die Nase, er kommentiert lakonisch: »Da hat sich der hungrige Holzbock an meinen Eiern ganz schön fett gefressen.«

Der Sommer neigt sich langsam dem Ende zu – ist es ein Zeichen des Alterns, dass ich erstmals im Leben den Herbst begrüße? Nachdem Dürre und Hitze in diesem Jahr die letzte Illusion zerstörten, der Klimawandel spiele sich überwiegend anderswo ab, bin ich froh, in den länger werdenden Nächten wieder durchzuatmen. Hingegen bedaure ich fast, dass die heutige Kursstunde unsere letzte sein wird. Ich schicke das vorbereitete Handout siebenmal an den Drucker, in der Abschlusssitzung bekommen alle Teilnehmer ein Skript, in dem die wichtigsten Kursthemen zusammengefasst sind. Bei Gruppen, die sich gut verstehen, gibt es anschließend noch einen Abschieds-Umtrunk oder Imbiss. Für heute hat Frau Glueck sogar einen Tisch im Garten einer benachbarten Gaststube reserviert.

Beim Abheften läutet das Telefon. Frau Luxner sei am Apparat, meldet die Helferin, die wolle wohl absagen. Bedauernd bitte ich, den Anruf durchzustellen. Die Stimme am anderen Ende der Leitung klingt vertraut, aber brüchig. »Hier ist Leo.«

Ich brauche ein paar Sekunden, um zu begreifen, dass ich mit Frau Luxners Tochter Leonie spreche, die früher ebenfalls meine Patientin war, als Jugendliche, die man noch mit Vornamen anspricht. Vielleicht will Leonie Auskünfte über ihre Mutter, die sie natürlich nicht bekommen wird. Erst mit Verzögerung dringt das Schluchzen durch den Lautsprecher. Selbst als Kind sah ich Leonie nie weinen. Die Ahnung hüllt mein Hirn in eisigen Nebel, der noch sekundenlang Raum für Hoffnung lässt – dann aber trauriger Gewissheit weicht. Frau Luxner ist tot.

Leonie hatte vorgestern in Sydney einen Anruf vom städtischen Klinikum erhalten. Ihre Mutter sei nach einem Autounfall noch in der Notaufnahme verstorben, man habe die Handynummer der Tochter bei den Papieren der Toten gefunden. Sie sei in ihrem Renault Clio nachts in einer Kurve ins Schleudern geraten und die Böschung hinabgestürzt, das Auto habe sich mehrmals überschlagen. Leonie kann nicht weitersprechen. Fast so leid wie die Nachricht tut mir in diesem Moment, dass ich die Weinende nicht in den Arm nehmen kann. Ich befürchte, dass sie mehr durchmacht als Trauer.

»Ich werde mir nie verzeihen, dass ich Mutter seit meiner Auswanderung nicht mehr gesehen habe«, bestätigt Leonie meine Annahme. Erst hatte sie sich in der neuen Umgebung in Australien eingewöhnen müssen, dann kam Corona. Als man wieder hätte reisen können, schob sie es auf.

»Elena war oft nervig, aber sie war immer für mich da. Und sie war die beste Mutter, die ich mir wünschen konnte. Leider hatten wir uns so oft in den Haaren, dass ich ihr das nie richtig gesagt habe, und jetzt gibt es nie wieder eine Chance. Aus und vorbei, für immer.«

Trost ist schwierig, zumal ich weiß, dass die Analyse zutrifft und Frau Luxner stark unter dem Gefühl gelitten hatte, in den Augen ihrer Tochter – und dann auch in den eigenen – keine gute Mutter gewesen zu sein. Leonies Stimme wird so leise, dass ich sie kaum verstehe. »Ich bereue so sehr, dass ich Mutter nicht gesagt habe, wie sehr ich sie liebe.«

»Eine Mutter weiß das auch ohne Worte«, antworte ich – nicht direkt gelogen. Wahrheit wäre grausam, wo das Schuldgefühl für die Trauernde schon Höchststrafe ist.

Sie hätten regelmäßig telefoniert, erzählt Leonie weiter; im letzten Jahr seien die Gespräche oft unbefriedigend gewesen, manchmal hatte sie fast den Eindruck, mit den Anrufen zu stören. Ihre Mutter habe sich gar nicht für die Berichte der Tochter interessiert und nicht selten bereits beantwortete Fragen nochmals gestellt. »Vielleicht habe ich die Nähe zu ihr zerstört, als ich in die Ferne ging.«

Jetzt muss doch Wahrheit her, auch wenn sie wehtut – denn der Irrtum würde chronischen Schmerz bedeuten. Ohne Entbindung von der Schweigepflicht bleibt diese bei Angehörigen Verstorbener zwar Gesetz, doch kein Dogma. Also berichte ich von der Verdachtsdiagnose Demenz und deren vermeintlicher Auflösung bei meinem letzten Gespräch mit ihrer Mutter. Die Zerstreutheit sei also keinesfalls Distanziertheit oder gar Desinteresse gewesen. Ich erzähle auch von ihrer positiven Gestimmtheit noch vor wenigen Wochen. Und dass die Tochter immer das Wichtigste in ihrem Leben gewesen war und sie sich sehr auf das nächste Wiedersehen gefreut hatte.

Leonies Weinen klingt noch immer schmerzlich, aber nicht mehr trostlos. »Sie hatte also doch keinen Alzheimer?«, fragt sie.

»Ich glaube nicht, habe aber noch keinen Bericht vom Neurologen. Vor meinem Kurs über *gesunde Ernährung* hätte Ihre Mutter heute noch einen Termin bei mir gehabt, bei dem ich sie fragen wollte, was der Kollege festgestellt hat.«

»Von dem Kurs hat sie mir erzählt«, unterbricht Leonie. »Sie mochte die Gruppe gern, die hat wohl wesentlich dazu beigetragen, dass sie Gewicht abgenommen und ihr Leben besser in den Griff gekriegt hat. Bitte richten Sie den Teilnehmern meine Grüße aus; und ich würde mich freuen, alle zur Trauerfeier einladen zu dürfen und ihnen persönlich zu danken.«

Leonie putzt sich geräuschvoll die Nase und nimmt den Faden wieder auf, von dem ich hoffte, sie hätte ihn verloren. »Demenz wäre für Mutter das Schlimmste gewesen«, sagt sie. »Ich weiß nicht, ob sie das weggesteckt hätte.«

Erneut durchzuckt mich stromschlagartig eine Schreckensvision, die ich schnell verscheuche. »Wie gesagt, Ihre Mutter hatte eine Krise, aber in letzter Zeit war sie wieder sehr fit. Und ich gehe davon aus, dass der Neurologe mich bei Bestätigung der Verdachtsdiagnose benachrichtigt hätte.«

Leonie glaubt mir das. Sie lädt auch mich zur Beerdigung ein, den Termin will sie mir noch mitteilen. Entgegen meinen üblichen Prinzipien, nicht an Patientenbeerdigungen teilzunehmen, schaffe ich kein klares Nein und sage unter Vorbehalt zu.

⧓

Alibi-Lendenschurz

Heute gibt es nur geeisten Hibiskusblütentee, nichts zu knabbern, weil wir anschließend zur Feier des letzten Kurstages noch essen gehen. Alle sind ein bisschen in Partylaune und haben sich chic gemacht, Kira trägt einen Zweiteiler aus pinkfarbener Knitterseide, Kevin eine Leinenhose und ein Shirt mit dem Spruch: *Lieber gegen den Strom als den Bach runter*! Die Glueck hat zum ersten Mal ein Kleid an, aus Jeansstoff mit Rüschen und einem richtigen Dekolleté, das ihren Busen dirndl-mäßig zusammenquetscht. Um den Hals trägt sie eine goldene Kette, und in dem tiefen Tittental baumelt eine Eule mit riesigen türkisfarbenen Augen. Über die Schulter hat sie sich ein Seidentuch mit Paisley-Muster gelegt, das mich an die Pantoffeltierchen erinnert, die wir neulich in Bio durchgenommen haben. Und das Schärfste: Der Professor hat heute trotz Hitze wieder einen Schlips an – und da sind auch Pantoffeltierchen drauf.

Leider fehlt die Luxner, vielleicht ist sie noch bei Frau Doktor. Am Anfang des Kurses glaubten wir, sie würde nicht zu uns passen, weil sie so tüdelig war, aber inzwischen haben wir liebevollen Respekt vor ihr. Manche Sachen, die sie sagt, sind ein richtiger Hammer, und man kann was lernen. Irgendwie ist unsere ganze Gruppe zusammengewachsen, obwohl wir ja sehr verschieden sind und erst mal dachten, wir hätten nur die

Überkilos gemeinsam. Für mich ist der Kurs inzwischen ein Stückchen Familie – und immer, wenn ich so ein Gefühl habe, denke ich an meine Traumatherapeutin. Die hat mir damals beigebracht, dass es zwar das Wichtigste wäre, in einem sicheren Land zu leben, aber das Zweitwichtigste, dort nicht emotional obdachlos zu bleiben.

»Was für ein spannendes Halbjahr haben wir zusammen erlebt!«, sagt Frau Glueck; und ich weiß nicht, ob sie die Weltpolitik meint oder ihr eigenes kleines Weltgeschehen mit den Pantoffeltierchen im Partnerlook. Der Professor ist da ganz ihrer Meinung. »Wir haben in der Tat eine historische Zeitenwende miteinander durchschritten. Wenn ich an unser erstes Treffen im Februar zurückdenke, kann ich kaum glauben, dass keiner von uns ernsthaft mit diesem Krieg gerechnet hat und mit all dem, was seitdem passiert ist. Historiker wollen uns manchmal weismachen, sie hätten viele Entwicklungen schon vorausgesehen. Diesmal kann das niemand seriöserweise behaupten. Sämtliche Experten gingen damals von einem Blitzkrieg aus; kaum jemand traute der Ukraine zu, sich wirksam zu wehren. Und niemand hätte zu träumen gewagt, dass die Ukraine diesen Krieg vielleicht sogar gewinnen kann.«

»Genau«, mischt sich der Kunz ein. »Aber das war einmal. Nach der jüngsten ZDF-Umfrage halten mittlerweile nur noch knapp sechzig Prozent der Bürger einen Sieg der Ukraine für unmöglich, immerhin glaubt knapp ein Drittel, sie könne es schaffen.«

Bei Politikern sind Umfragen wohl ihre Brille für die Weltsicht, und Brillen kann man wechseln. Wie schnell der Blick sich ändert, habe ich selbst erlebt. Im März hat jeder Morgen mit einem Sprung ins Netz begonnen, ich musste wissen, ob Kiew noch steht und Selenskyj noch lebt. Kaum ein anderes Thema kam in den Medien vor. Heute bringen sie News über den Krieg in unserer Nachbarschaft erst nach dem Streit über Gaspreise, Inflation oder Tankrabatt. Die Psychologen nennen das *Disaster Fatigue*, die gebe es bei allen Krisen. Als der Bürgerkrieg in Syrien anfing, war die Welt auch kurz wach. Je länger er dann dauerte, desto weniger hat man hingeschaut; und als die Russen sich einmischten, haben die Politiker sich Augen und Ohren zugehalten. Oder bei Corona: Anfangs waren alle starr wie Karnickel vor der Schlange, dann wollten sie wieder Party und knutschen. Inzwischen sagt nur noch der Lauterbach, dass täglich über hundert Menschen an COVID sterben, findet er nicht hinnehmbar – doch dann macht er wieder Männchen vor dem freiheitsbesessenen Koalitionspartner.

»Und nach einem halben Jahr Krieg redet man sich immer noch die Köpfe über Sanktionen oder Waffenlieferungen heiß«, sagt Kevin. »Deren Notwendigkeit bezweifeln nicht nur die Linke und die AFD, sondern auch manche Promis, die leider ernst genommen werden.«

»Ist das nicht furchtbar?«, fragt Frau Glueck. »Kürzlich hat sogar der sächsische Ministerpräsident bei Markus Lanz über das *Einfrieren des Krieges* schwadroniert, und dass man mit den Russen verhandeln müsse. Und Michael Kretschmer ist weder links noch AFD!«

»Nicht *ganz* AFD«, mischt Kira sich ein. »Erzengel Michael ist erzrechts und CDU. Der bekam dann ganz schön Zoff mit den anderen Talkern und mit dem smarten Markus. Und wusstet ihr, dass auch Margot Käßmann, die berühmte *Bischöfin der Herzen,* in allen Talkshows predigt, mit Waffen wäre Frieden nicht zu schaffen. Jesus wäre schließlich auch unbewaffnet gewesen.«

»Ex-Bischöfin«, korrigiert die Glueck. »Nach einer Sünde wider die Straßenverkehrsordnung.« Herr Wissmer gibt ihr über den leeren Stuhl hinweg einen Klaps auf den Oberarm und lacht laut, als hätte sie einen Witz erzählt. Der Paisley-Schal rutscht ihr von der Schulter und fällt auf den Boden. Der Prof stürzt sich drauf und klaubt die bunten Pantoffeltierchen vom blauen PVC. Beim Aufrichten muss er sich mit der Hand auf dem linken Oberschenkel abstützen. Frau Glueck bedankt sich und klimpert, dann zuppelt sie sich den Schal wieder um die Schultern. Einen Moment ist Stille, weil alle die Reise der Pantoffeltierchen verfolgen.

Der Kunz beendet das Schweigen. »Ach, wissen Sie, man muss sich schon fragen, warum die anderen Länder auch keine Panzer an die Ukraine liefern. Und warum wir als Deutsche einen Alleingang machen sollen.«

»Wir Deutschen sollten das wollen, weil wir das können«, antwortet Kevin, »als einer der wichtigsten Waffenexporteure der Welt. Außerdem ist es Quatsch, dass kein Land der Ukraine Panzer liefert, allein bis Anfang August waren es 252 Stück sowjetischer Bauart und acht NATO-Panzer. Der Alibi-Lendenschurz, mit dem alle um das Problem rumtanzen, heißt *Ringtausch*. Die Osteuropäer schicken ihre alten Russen-Möhren in die Ukraine und erhalten von uns dafür modernere Panzer westlicher Bauart. Außer den Ossiländern hat auch Griechenland zugesagt, über hundert russische BMP-1 Panzer zu liefern, im Ringtausch gegen eine unbekannte Anzahl von deutschen Panzern. Bisher konnte man sich mit den Deutschen aber nicht einigen. Interessanterweise verfügt die griechische Armee über zwölfhundert Panzer, die deutsche Bundeswehr dagegen nur über etwa zweihundertsechzig. Aber bei uns stehen die Teile reihenweise ausgemustert in den Lagerhallen der Rüstungsindustrie, allein bei Rheinmetall um die hundert Marder.«

Ich bin mal wieder geplättet, was Kevin alles im Kopf hat und wie er das rüberbringt. Allerdings verstehe ich nicht, dass Griechenland die Ukraine nur dann unterstützt, wenn es dafür deutsche Panzer bekommt, obwohl die eigene Armee selbst über tausend Stück besitzt. Ich will das gerade fragen, als Frau Doktor die Tür öffnet.

Ich sehe der Chefin sofort an, dass etwas nicht stimmt. Auf den ersten Blick ist ihr Lächeln bei der Begrüßung so wie immer, aber auf den zweiten wie angeknipstes Kaltlicht: auf Knopfdruck zwar hell, aber ohne echtes Leuchten – und dann gleich wieder weg. Wie bei Ursula von der Leyen.

»Wissen Sie, ob Frau Dr. Luxner noch kommt?«, fragt die Glueck.

»Ja«, antwortet die Chefin. »Das heißt, nein, leider kommt sie nicht.« Ihr Unterkiefergelenk ruckelt, als würde sie darauf herumkauen.

»Hat sie es mal wieder vergessen?«, fragt Kira

Normalerweise wäre jetzt ein strafender Blick von der Chefin fällig, aber sie schaut auf den Boden. »Nein, hat sie nicht.«

Ich habe so ein Gefühl wie manchmal in den ersten Sekunden bei einem Bombenalarm, wenn es noch still ist, aber man weiß, gleich kracht es.

»Frau Dr. Luxner ist vorgestern mit ihrem Auto tödlich verunglückt.«

Jeder hat seine Art, das innerliche Heulen zu verbergen. Ich kriege das abgebremst, wenn ich mir vorstelle, jemand würde Assad kopfüber in Jauche tunken. Kira kaut auf ihrer Unterlippe, Kevin klappt die verspiegelte Sonnenbrille runter. Der Kunz zerrt an seiner Hahnentritt-Krawatte. Nur Frau Glueck lässt die Tränen laufen. Der Wissmer, bei dem auch die Mundwinkel zucken, streckt ihr über den leeren Stuhl die Hand hin, die drückt sie an ihre Wange.

Nach ein paar Momenten des Schweigens berichtet Frau Doktor kurz von dem nächtlichen Unfall und wie sie davon erfahren hat. Ich denke an Leonie und wie es ihr jetzt wohl geht in Australien, nachdem sie sich so wenig um ihre Mutter gekümmert hat.

Dann sagt Frau Doktor, bei dieser traurigen Nachricht wären wir sicher nicht in der Stimmung für das Thema *gesundes Essen,* und will uns stattdessen ihr Zusammengeschriebenes mitgeben.

»Nee, sorry, Doc, das sehe ich anders«, widerspricht Kevin. »Wie ich Frau Dr. Luxner kenne, würde sie wollen, dass wir den Kurs wie geplant zu Ende bringen.«

Heute kriegt er sogar Schützenhilfe von Kira: »Genau, und anschließend sollten wir in der Kneipe unser abgespecktes Gewicht zusammenrechnen und für jedes Kilo einen Schluck auf Frau Dr. Luxner trinken.«

Alle klopfen mit den Knöcheln auf den Tisch.

Jetzt hat Frau Doktors Lächeln wieder die richtige Temperatur. Sie legt los mit *No Excuses – disziplinierte Lebensführung trotz Krise.* Und nie war sie so gut wie heute.

⌗

Auf eine neue Denke!

Die Partylaune ist zwar weg, trotzdem sind alle froh, dass wir noch zusammen sind und unser Abschiedsessen durchziehen. Ausnahmsweise ist sogar Frau Doktor mitgekommen, sonst vermeidet sie Patientenkontakte in der Freizeit – wegen der Trennung von Berufs- und Privatleben.

Wir sitzen an einem runden Tisch im Gastgarten, der zur Straße hin von einer efeubewachsenen Mauer eingefriedet ist. Eigentlich mag ich keine Mauern, aber hier schirmt sie uns von der lauten Stadt ab und macht den Innenhof zu einer friedlichen Oase. Unter einem grünen Dach aus Weinlaub, das sich über ein hölzernes Gitter rankt, können wir zwischen den Blättern in den Himmel schauen. Die Temperatur ist sommerlich, aber die Tage werden kürzer, und die Hitze kippt schneller in abendliche Kühle. Der Herbst ist noch ein Stück weg, doch man ahnt ihn schon.

Die Chefin bestellt für alle ein Glas Prosecco, wir stoßen auf Frau Luxner an. Natürlich wird Frau Doktor mit Fragen bestürmt, was da genau passiert ist und wie krank Frau Luxner war, aber sie geht darauf wenig ein und berichtet nur, dass die Verstorbene ihrer Tochter ganz viel Gutes von unserer Gruppe erzählt hat und dass wir ihr sehr geholfen hätten. Und dass Leonie sich freuen würde, wenn wir zur Bestattung kämen. Alle sagen »ja klar«, aber man weiß, wie das ist, meistens meint man das, wenn man es sagt – und dann kommt doch etwas dazwischen.

Bei mir ist das anders, weil ich Leonie von früher aus der Gemeinde kenne. Ich glaube, sie ging aus Trotz in die Kirche, weil ihre Mutter Atheistin war. Einmal hat Leonie mich zum Kaffee in die beste Konditorei der Stadt eingeladen, ich habe zum ersten Mal in meinem Leben Cointreau-Sahne-Torte gegessen. Leonie war schon um die dreißig und studierte Geo-Ökologie, aber sie kam oft nicht zum Lernen und vor allem nicht dazu, ihre Prüfungen zu machen, weil sie bei Greenpeace aktiv war und häufig nach Amsterdam musste. Da habe ich sie sehr um ihre Mutter beneidet und dass sie so lange studieren durfte, ohne sich um Geld sorgen zu müssen. Bei uns hat man in dem Alter schon ein paar Kinder. Leonie war sehr nett zu mir, aber furchtbar neugierig. Sie wollte unbedingt, dass ich ihr von meiner Flucht erzähle. Da habe ich abgeblockt, obwohl es mir leid tat, dass wir uns dann aus den Augen verloren haben. Klar, dass ich jetzt wenigstens zur Beerdigung ihrer Mutter muss, obwohl ich eigentlich finde, dass die Beerdigungen in der alten Heimat für mein ganzes Leben reichen.

Die Speisekarte bietet Hausmannskost an, nicht gerade das gesunde Essen, wie es uns Frau Doktor im Kurs beigebracht hat. Die Alternative zum panierten

Schnitzel mit Pommes ist das panierte Schnitzel mit Kartoffelsalat. Zum Rahmbraten gibt es entweder Knödel oder Kroketten. Ich kriege den totalen Jieper, so was habe ich mir in den letzten Monaten knallhart verkniffen und immerhin fünf Kilo abgespeckt. Als könnte die Chefin meine Gedanken lesen, hält sie die Karte hoch. »Das ist zwar keine Auswahl für Gesundheitsbewusste, aber eine zum Genießen; und Moralisieren ist Mist. Deshalb dürfen wir heute alle mal sündigen. Ich nehme Rouladen in Rotweinsahne mit Spätzle.«

Alle suchen etwas Deftiges aus, nur der Kunz will Salat mit Putenbruststreifen; er muss wohl noch ein paar Pfund loswerden bis zur Traumfigur für den Wahlkampf. Als wir unsere Bestellungen aufgegeben haben, wird es wieder still am Tisch. Frau Luxners Fehlen legt sich wie Vulkanasche über die Stimmung, schließlich sind es dadurch zwei Abschiede an einem Abend. Aber Traurigkeit ist nichts für die Glueck. Sie hebt ihr Prosecco-Glas: »Auf bessere Zeiten!«

»Auf eine neue Denke!«, sagt Kevin. »Wenn wir nämlich so weitermachen, können die Zeiten nur schlechter werden.«

»Stimmt«, gibt ihm Kira recht, das ist für *sie* eine neue Denke. »Ich sage nur *Klimawandel*.«

»Das ist ein wichtiges Thema«, antwortet der Kunz, »aber leider nur ein Problem von vielen. Wir müssen vor allem daran arbeiten, weiterhin die zu unterstützen, die unsere Hilfe brauchen, ohne die Stabilität im eigenen Land zu riskieren.«

»Stabilität wird sich auf Dauer nur erhalten lassen, wenn wir alle zu Einschränkungen bereit sind«, wirft der Wissmer ein.

Die Glueck nickt und himmelt ihn an. »Auf mehr Zufriedenheit mit weniger Komfort!«

»Das wäre wünschenswert«, antwortet der Professor. »Aber nicht unschwierig! Neulich hat eine Handwerkervereinigung aus Sachsen-Anhalt den Kanzler in einem offenen Brief aufgefordert, sämtliche Sanktionen gegen Russland zu stoppen und Verhandlungen über die Beendigung des Krieges zu führen. Die breite Mehrheit sei nämlich nicht gewillt, für die Ukraine ihren schwer erarbeiteten Lebensstandard zu opfern, es sei schließlich nicht unser Krieg. Und ob Scholz der Kanzler sein wolle, der Deutschland in den Ruin getrieben hat.«

»Selbstredend müssen wir solchen Aussagen energisch entgegentreten«, antwortet der Kunz. »Aber ernst nehmen sollte man sie trotzdem. Ich gebe zu bedenken, dass finanzielle Einbußen bei den Bürgern zu Unzufriedenheit und Demokratieverdrossenheit führen. Die können sich zu sozialen Unruhen auswachsen und in Gewalt münden. Die Auswirkungen solcher Entwicklungen kann man derzeit überall da beobachten, wo die Abgehängten die Radikalen wählen. Nicht nur in Übersee, sondern in unserer Nachbarschaft.«

»Stimmt«, sagt Frau Doktor, »die Frage ist nur, ab wann es angebracht ist, sich abgehängt zu fühlen. In letzter Zeit denke ich manchmal, es gibt gerade bei Menschen mit hohem Lebensstandard eine neue Neurose: Das ist die Wohlstandsverlustphobie.«

Da spricht Frau Doktor mir aus dem Herzen. Klar sind viele Menschen durch Corona und Inflation arm geworden, und um die muss man sich mehr kümmern. Aber die meisten Deutschen haben noch nie gehungert, um ihr Leben gefürchtet oder sonst wirkliche Not gelitten. Trotzdem wird immer mehr gejammert.

Frau Glueck bringt das auf den Punkt: »Wir brauchen nicht nur eine neue Denke«, sagt sie und lächelt erst Kevin, dann die Chefin an. »Wir brauchen eine andere Psychologie. Wir müssen uns klarmachen, wie sehr wir im Vergleich zu anderen Ländern noch immer im Luxus leben. Natürlich kann man gute Stimmung nicht beschließen, die ist sowieso nur kurzfristig wirksam, wie eine psychotrope Droge. Aber wir müssen etwas gegen die *schlechte* Stimmung tun, denn die wirkt langfristig, wie ein schleichendes Gift, das sich dauerhaft ablagert und alles anätzt, bis es marode wird.«

Der Kunz schaut Frau Glueck begeistert an, als wäre ihm gerade ein Licht aufgegangen. »Besser kann man es nicht formulieren«, sagt er. »Genau das betrachte ich als meine Aufgabe in der Politik. Darf ich Ihre Worte für meine nächste Wahlkampfrede verwenden?«

Frau Glueck nickt geschmeichelt, der Prof tätschelt ihre Hand. Sogar Kira grinst. Kevin zwinkert mir zu. Nur Frau Doktor schaut ins Leere, als wäre sie innerlich woanders.

Dann kommen der dicke Wirt und seine dünne Frau mit dem gesunden Grünfutter für den Kunz und mit Braten, Buletten, Rouladen und Schnitzel für uns Sünder. Natürlich mit allen Beilagen, die Essen fett und lecker machen. Die Stimmung steigt.

Kurzfristig.

12. Oktober

Apocalypse Now?

Im Ford Transit ist Platz für sieben Personen. Ich habe mich gefreut, dass der Pastor sofort zugesagt hat, die Gruppe in seinem Gemeindemobil zum Friedwald mitzunehmen. Erst habe ich mich kaum getraut, ihn zu fragen, denn ich war in letzter Zeit kein gutes Gemeindemitglied. Seitdem ich im Kolleg so viel lernen muss, komme ich selten zum Gottesdienst, obwohl ich ein Prick-Fan bin. Eigentlich mag ich keine Predigten, aber der Prick bringt seine Messages so rüber, dass man jedes Mal irgendwas lernt oder versteht.

Als ich neu in die Stadt kam und ziemlich einsam war, bin ich zum Gottesdienst gegangen, weil für uns, als nicht-muslimische Minderheit, die Kirche in Aleppo wie ein heimatlicher Zufluchtsort war. Der Pastor hat mich damals mit den Worten empfangen: »Herzlich willkommen im Exil!« Und er hat mir sofort Unterstützung angeboten, hat dafür gesorgt, dass ich Kontakt kriegte und Leute kennenlernte, auch Leonie.

Die ganze Gruppe hat auf meine E-Mail geantwortet, mit der ich sie an die Trauerfeier erinnert habe, sogar der Kunz. Kevin hat mir angeboten, mich in seinem Nissan GT-R Sportflitzer mitzunehmen. Aber ich fand es besser, dass wir alle zusammen mit dem Pastor fahren, so wusste ich, dass niemand es sich anders überlegt oder den Weg nicht findet, es ist ja doch ein Stück über Land bis zum Friedwald. Außerdem steige ich kaum je allein zu Männern ins Auto, auch sonst bin ich selten mit einem Kerl zu zweit – erstens schlechte Erfahrungen und zweitens keine Zeit.

Leonie sitzt vorne, sie hat uns versichert, wie sehr sie sich freut, dass wir gekommen sind, aber kein Wort mehr gesprochen, seit wir losgefahren sind. Die Arme hat sie um den Körper geschlungen wie ihre Mutter, wenn sie sich mies fühlte, weil sie sich wieder mal in ihren Gedanken verirrt hatte.

Der Pastor schaltet die Nachrichten ein, die Ampel streitet über die AKW-Laufzeit. Lindner hatte nach der verlorenen Landtagswahl eine *Schärfung des Profils seiner Partei* angedroht, jetzt nervt er die Grünen mit der Forderung, mindestens die drei Kernkraftwerke, die noch in Betrieb sind, bis 2024 laufen zu lassen. Beim Wetterbericht dreht der Pfarrer das Radio ab, und es wird wieder still.

Schweigen kann gemütlich sein, wenn man sich so gut kennt, dass zum Wohlfühlen Worte nicht nötig sind. Ich bin die Einzige, die alle schon kannte. Den anderen geht es im Gemeindemobil wie auf manchen Partys, wo man Menschen zum ersten Mal trifft und so tut, als gäbe es kein Fremdeln.

»Liebe Leonie«, zwitschert Frau Glueck los. »Ich darf Sie doch so nennen?« Ohne eine Antwort abzuwarten, redet sie weiter. »Ihre Frau Mutter war so eine kluge Person, und sie hat uns sehr interessante Einsichten zum Thema AKW-Sicherheit vermittelt.«

Leonie löst die Arme von ihren Schultern, richtet sich auf und dreht sich um. »Echt? Typisch Elena!«, sagt sie.

»Ja wirklich!«, bestätigt der Prof. »Wir haben vor ungefähr drei Monaten sehr intensiv über Risiken der Atomkraft diskutiert; sie hat uns mit ihren Ausführungen so beeindruckt, dass wir uns zum Schluss weder dafür noch dagegen entscheiden konnten.«

Leonie klatscht in die Hände. »Wie ich das kenne! Manchmal, wenn ich glaubte, meine Meinung basiere auf klaren Erkenntnissen, hat Elena das ganze Thema auseinandergenommen; und danach war mein Hirn Watte, und ich wusste nicht mehr, was Sache war.«

»So ging es uns auch«, sagt die Glueck. »Wie stehen Sie als engagierte Umweltschützerin denn zu einem Weiterbetrieb unserer AKW?«

Leonie fährt sich mit den Fingern der rechten Hand durch die kurzen Haare, die dadurch noch strubbeliger aussehen. »Früher habe ich mich mit meiner Mutter bis aufs Blut über Kernkraft gestritten, heute tut mir das leid. Natürlich müssen wir davon wegkommen, aber inzwischen sagt sogar Greta Thunberg, bei der aktuellen weltweiten Energiekrise wäre es ein Fehler, die AKW gerade jetzt abzuschalten. Kernkraft ist das kleinere Übel und verpestet die Umwelt weniger, als wenn man wieder mehr Kohle ausbuddelt.«

Wir sind alle ein bisschen überrascht. Kira sagt, sie findet das zwar einleuchtend, aber irgendwie traurig, dass ausgerechnet die Umweltschützer so umgeschwenkt sind. Leonie nickt. »Irgendwie ist eh alles traurig«, sagt sie – und so klingt sie auch. »In den letzten Tagen denke ich manchmal, es ist gut, dass Elena diese Apokalypse nicht mehr erleben muss. Manchmal kommt mir das vor wie eine Spirale, in der wir alle mit verschiedenen Geschwindigkeiten, aber zunehmender Beschleunigung und in immer engeren Kreisen unaufhaltsam vorangetrieben werden. Keiner kann irgendwas steuern, und irgendwann macht es dann puff …«

Dieser Satz könnte glatt von Frau Luxner senior stammen – in komplizierten Kreisen kommt er mitten auf den Punkt. Leonie hat sich in Rage geredet. »Vor lauter Energiepanik interessiert sich niemand mehr dafür, dass der Klimawandel die Welt in allernächster Zeit plattmacht. Als hätte es Putin, dieser Verbrecher, geschafft, die Uhr von fünf Sekunden vor zwölf wieder zurückzustellen. Auch der Ukrainekrieg läuft komplett aus dem Ruder. Sogar Selenskyj wird immer aggressiver.«

»Sehe ich ebenso«, stimmt ihr der Pastor zu. »Ich halte es auch für psychologisch planlos, dass die Ukrainer die Krim-Brücke in die Luft gejagt haben. Das war für Putin ein Prestigeobjekt, und er hat sofort mit Eskalation reagiert. Jetzt finden die Menschen in der Ukraine nirgendwo mehr Zuflucht, der Horror ist überall. Seit Kriegsbeginn gab es nicht so heftige Angriffe auf sämtliche Großstädte der Ukraine, neuerdings auch wieder in Kiew.«

»Vielleicht hat sich die Sprengung der Krim-Brücke für die Ukraine trotzdem gelohnt«, sagt Kira. »Offiziell wird ja behauptet, es gäbe nur neunzehn Tote. Und für die Russen wird der Versorgungsnachschub schwieriger, denn man hat eine wichtige Verbindung zwischen der Krim und dem russischen Krasnodar lahmgelegt.«

»Kurzfristig gekappt«, korrigiert Kevin. »Der Bahntransport läuft schon wieder, und teilweise sogar der Autoverkehr, wenn auch bislang nur eingeschränkt.«

Das bringt mich auf eine Idee: »Dann waren es vielleicht doch die Russen«, werfe ich meine Theorie in die Runde. »Die haben einen Schaden an der Brücke verursacht, der erst mal spektakulär aussieht, sich aber schnell wieder reparieren lässt. Und mit dem angeblichen Angriff auf russisches Hoheitsgebiet hat Putin einen Vorwand zur weiteren Eskalation.«

»Smarte Idee«, lobt Kevin. »Aber Putin braucht keinen Vorwand. Angeblich wurden die russischen

Streitkräfte schon am zweiten Oktober von ihrem Präsidialamt angewiesen, massive Raketenangriffe auf die zivile Infrastruktur der Ukraine vorzubereiten. Fünf Tage später brannte die Brücke.«

»Dann war es vielleicht gar nicht Putins persönliche Anordnung«, spekuliere ich weiter, »sondern die Idee von irgendwelchen Scharfmachern im eigenen Land, denen er nicht radikal genug zuschlägt und die ihn unter Druck setzen wollen. Zum Beispiel der tschetschenische Bluthund Kadyrow, der Putin zu lasch fand, obwohl der ihn gerade zum Generaloberst befördert hat. Nach der Massenbombardierung hat er getönt, nun sei er hundert Prozent zufrieden.«

Jetzt sind alle warm.

»Nach diesen Angriffen stellen wir uns auch in der Gemeinde auf deutlich mehr Geflüchtete ein«, sagt der Pastor. »Die Bomben haben nicht nur Menschenleben gekostet, sondern auch ein Drittel des Landes von der Stromversorgung abgeschnitten. Zurzeit kann man das noch überleben, weil es warm genug ist, aber bald kommt der Winter, da wird es einen Massenexodus geben.«

Kevin knackt mit den Knöcheln. »Und bei uns gibt es Politiker, die angeblich Christen sind, aber von ukrainischem *Sozialtourismus* labern, weil sie glauben, damit könnten sie sich rechte Wähler krallen. Und das könnte sogar gelingen.«

»Ein Kalkül, das kräftig in die Hose ging!«, antwortet der Pastor trocken. »Nach diesem Ausrutscher hat die CDU ihr schlechtestes Ergebnis seit Jahrzehnten kassiert und die AfD ihre Wählerstimmen verdoppelt.« Man kann sich den Herrn Pfarrer kaum auf einer Kirchenkanzel vorstellen, so dreckig, wie der grinst, als er noch hinzufügt: »Manche Sünden bestraft der liebe Gott sofort.«

»Gott sei dafür Dank«, antwortet Kevin, und ich finde ihn mal wieder ziemlich schlagfertig. »Der Christ hat abgekackt, und für einen, der eh keinen Arsch in der Hose hat, wird die Hose dann richtig eng.«

Frau Glueck schüttelt den Kopf, eigentlich wäre jetzt eine Rüge fällig, aber Leonie lacht laut. Es ist das erste Mal, dass sie heute nicht traurig aussieht, und damit wird Kevin sein Kalauer verziehen.

Ich selbst halte mich bei diesem Thema immer raus, obwohl ich den Herzlosen mit dem Glühbirnenkopf auch ätzend finde. Trotzdem fällt mir auf, dass die guten Menschen im Gemeindemobil und manche Politiker da draußen das Flüchtlingsproblem nur als Frage der Nächstenliebe sehen. Das ist eine wunderschöne Brille und macht für Menschen wie mich die Welt besser, aber nur, solange sie denen, die sie aufhaben, nicht um die Ohren fliegt. Jetzt schon jammern die Kommunen, sie wüssten nicht mehr, wohin mit den Geflüchteten. Bei den Ukrainern sieht man es ja noch ein, aber über das

Mittelmeer und die Balkanroute kommen jeden Tag mehr Syrer, Afghanen und bald vielleicht Iraner. Und keiner weiß, wie viele Menschen sonst auf der Welt durch Hunger und Klimawandel in die Flucht getrieben werden. Niemand versteht besser als ich, dass die meisten nach Deutschland wollen. Schließlich steht jedem, der es bis hierher geschafft hat, erst mal medizinische Hilfe und soziale Unterstützung zu.

Mir scheint, der Prof kann Gedanken lesen. »Langsam, ihr jungen Hitzköpfe«, sagt er und wirft mir aus den Augenwinkeln einen Blick zu, wohl um rauszukriegen, ob er mir auf die Füße tritt. Dann sagt er in Richtung Fahrersitz: »Bei allem Respekt, Herr Pfarrer, in Ihrer Gemeinde treffen Sie wahrscheinlich überwiegend Menschen, die die Nächstenliebe ernst nehmen. Bei anderen Mitbürgern reicht die Empathie aber nur so weit, bis ernsthafte Einschränkungen drohen. Dann obsiegt das *Me-first-Prinzip*. Ich glaube, dass Sie den Oberchristen unterschätzen. Könnte es nicht sein, dass der *Sozialtourismus* kein Ausrutscher war, sondern ein kalkuliertes Aussprechen dessen, was viele denken, was aber kaum jemand zu sagen wagt – abgesehen von der AfD? Denn was man einmal ausspricht, ist für immer in der Welt! Das ändert sich auch nicht durch eine sogenannte Entschuldigung, die ja bestenfalls ein Zurückrudern war. In Niedersachsen mag ihm das geschadet haben, da haben die Wähler sich für das Original entschieden. Aber dieser Herr hat langfristige Ziele; und wenn es bei uns wirklich um Verzicht geht, könnten manche der Wähler, die sich zu rechtsaußen nicht durchringen, genau darin einen Anker sehen.«

»Weißt du, mein Lieber«, sagt Frau Glueck mit ihrer Mediatorenstimme, »ich finde, wir sollten uns gerade in solchen Zeiten nicht dazu verleiten lassen, allen Menschen niedere Motive zu unterstellen, sonst werden wir nämlich zynisch – das ist dann nur noch destruktiv.«

»Da bin ich ganz bei Ihnen«, sagt der Pastor. »Und hinter der nächsten Kurve sind wir am Ziel.«

⌘

Letzter Friede im Friedwald

Eigentlich meide ich Patientenbeerdigungen, denn einmal begonnen, kann man die Einladung der Angehörigen von Verstorbenen kaum mehr ablehnen, ohne sich dem Vorwurf der Ungleichbehandlung auszusetzen. Ich war in Versuchung, mich auch vor Frau Luxners Trauerfeier zu drücken, ließ mich aber von Leonies Erinnerungsmail umstimmen. Sie fürchte sich ein wenig davor, mit Pfarrer und Förster allein im Wald zu stehen, schrieb sie vor einigen Tagen, es sei auch nur eine ganz kleine Feier, wahrscheinlich werde kaum jemand kommen, die wenigen Menschen aus dem persönlichen Umfeld ihrer

Mutter, die sie eingeladen habe, seien entweder verhindert, verstorben oder hätten nicht geantwortet. Sie würde sich sehr freuen, mich bei der Friedwaldbestattung wiederzusehen. Die Zeremonie werde ganz unkonventionell gestaltet, Pfarrer Prick, den Leonie aus Schulzeiten kennt, wolle eine kurze Rede halten. Bitte informelle Kleidung, keine Trauerfarben und feste Schuhe.

Zu Leonies Überraschung hatte Frau Luxner ihrer Tochter vor einiger Zeit beim Skypen erzählt, dass sie sich in einem Friedwald für 99 Jahre einen Baum statt einer konventionellen Grabstätte reserviert habe. Leonie schrieb: »Sie hat mir einen Prospekt in die Kamera gehalten und dabei so glücklich gelächelt, als hätte sie eine besonders schöne Location in einem Reisekatalog entdeckt. Ich fand das schrullig, weil ich mir nicht vorstellen konnte, dass diese Reise für sie so bald ansteht. Andererseits war ich auch total angefasst, als sie mir erklärte, wie tröstlich sie es fände, wieder Teil der Natur zu werden und einem Baum Nahrung zu spenden, Asche habe nämlich eine hohe Wasserbindungskapazität!! Lachend versicherte sie mir noch, die Urne sei natürlich kompostierbar.«

Bis auf das Gemeindemobil von Pfarrer Prick ist der Parkplatz am Friedwald leer. Dabei hatte Amira mir mitgeteilt, die ganze Gruppe werde an der Bestattung teilnehmen – außer Herrn Kunz. Der hat sich immerhin nicht nur entschuldigt, sondern war persönlich in der Praxis vorbeigekommen, um als Beitrag zu einem Kranz oder Blumenschmuck einen Umschlag mit hundert Euro und eine Kondolenzkarte abzuliefern. Als ich ihm erläuterte, bei einer Friedwaldbestattung sei maximal eine einzelne Blume erwünscht, bat er darum, der hinterbliebenen Tochter das Geld als Spende für eine Umweltorganisation oder NGO ihrer Wahl zukommen zu lassen.

Da ich durch den letzten Hausbesuch zehn Minuten zu spät bin, rechne ich nicht mit weiteren Trauergästen, was mich melancholisch stimmt, da es Leonies Befürchtung einer einsamen Zeremonie bestätigt. Ich bin froh, wenigstens Amira an unserer Seite zu haben, sie hatte sich entschieden, mit dem Pastor zu fahren, den sie als gelegentliche Kirchgängerin schätzt.

Ich stelle meinen E-Smart neben das Gemeindemobil. Beim Aussteigen höre ich Pricks sonore Predigerstimme. Auf der Rückseite des Kleintransporters sehe ich sie dann und kann es kaum glauben: Sämtliche angekündigten Kursteilnehmer sind gekommen und haben sich um den Pfarrer und Leonie Luxner gruppiert. Die Anteilnahme meiner Gruppe macht mich unpassenderweise stolz, auch wenn es mir einen Stich versetzt, dass anscheinend niemand sonst Frau Luxner die letzte Ehre erweist.

Als hätten sie sich abgesprochen, dominieren Gelb und Blau bei der durchwegs legeren Bekleidung. Die zwei weiblichen Gruppen-Youngster könnten in ihren marineblauen Jeans und sonnengelben Shirts als Schwestern mit verschiedenen Vätern durchgehen. Beide haben sich ihre Jacken um die Taille gebunden. Kira hat die blonden Haare in einem Pferdeschwanz zusammengerafft, was ihr Gesicht schmaler macht. Amira, die sonst ihre schwarze Mähne in einem strengen Zopf bändigt, trägt heute die Haare offen, ein spektakulärer Kontrast zur leuchtenden Farbe ihres Oberteils und zu den gletschergrünen Augen. Kevin, ungewohnt seriös in dunkler Leinenhose und blau-gelb gestreiftem Hemd, weicht ihr nicht von der Seite, und es ist kaum zu übersehen, dass der junge Mann der Erscheinung meiner Mitarbeiterin mehr Aufmerksamkeit widmet als der Schönheit der Natur. Frau Glueck und Herr Wissmer stehen so dicht beieinander, dass ich nicht sehen kann, ob sie sich an den Händen halten.

Als ich auf die Gruppe zugehe, löst sich Leonie, wirbelt mir entgegen und fällt mir um den Hals. »Ich bin so froh, dass Sie da sind«, sagt sie, und ihre Stimme klingt ganz aufgekratzt. »Sie waren immer für Elena da, und sie hat mir erzählt, wie aufgehoben sie sich bei Ihnen immer gefühlt hat.«

Zuletzt hatte ich Leo vor ihrer Auswanderung gesehen, anlässlich der Auffrischung aller benötigten

Impfungen. Damals war sie eine androgyne Schönheit von sehniger Gestalt. Seitdem ist ihre Figur rundlicher geworden, sie hat mehr Busen und ein Bäuchlein; ihr Gesicht wirkt aufgequollen – wohl vom Weinen. Obwohl sie sich optisch stark verändert hat, erkenne ich in ihr das ungestüme Mädchen wieder; schon in der Pubertät war Leonie ein liebenswert spontaner Wildfang, dessen Sprunghaftigkeit und Sturheit ihre Mutter allerdings immer wieder vor Herausforderungen stellte.

Ich werde von der Gruppe so herzlich begrüßt, dass sich die Zusammenkunft trotz des traurigen Anlasses beinahe anfühlt wie ein heiteres Familientreffen. Der Pastor, ein Naturtalent im Socializing, hat offensichtlich schnell die Herzen meiner Kursteilnehmer erobert, und anscheinend haben sie auch Leonie bereits adoptiert.

Ein brauner Kombi parkt auf der anderen Seite neben dem Gemeindemobil, und der Fahrer steigt schwungvoll aus. Er trägt einen moosgrünen Walkjanker mit Lederapplikationen und Hirschhornknöpfen und wirkt damit wie eine Figur aus der Fernsehserie *Forsthaus Falkenau*. Pfarrer und Förster tauschen einen Fist Bump.

Ein schwarzer Mercedes nähert sich und hält quer vor dem Forstfahrzeug. Ohne den Motor abzustellen, verlässt eine dürre, schwarz gekleidete Frau den Leichenwagen und öffnet die Heckklappe. Dem Kofferraum entnimmt sie einen runden Behälter, der wie eine überdimensionierten Hutschachtel aussieht. Leonie dankt der Bestatterin; die sagt leise »herzliches Beileid« und verabschiedet sich. Der Förster stellt die Urne neben seinen Kombi und öffnet die Heckklappe. Aus dem chaotisch vollgestopften Kofferraum holt er eine tragbare Boombox in Popfarben und legt sie neben die Tragetasche aus schwarzer Kunstfaser mit umlaufendem Reißverschluss. Ich ertappe mich dabei, Polyester als Transportmedium für Frau Luxners letzten Weg popelig zu finden.

Der Förster stellt sich vor und spricht jedem Einzelnen mit feierlichem Händedruck sein Mitgefühl aus, was alle höflich über sich ergehen lassen. Nur ich lege die Handflächen zu einem *Namaste* vor die Brust und weigere mich so, in Pandemiezeiten in die alte Unsitte der Handshakes zurückzufallen. Kurz schaut der Förster irritiert, holt Luft und erklärt: »Ich werde die Trauerfeier begleiten; folgen Sie mir nun bitte zu der alten Buche, die sich unsere verehrte Verstorbene zu Lebzeiten persönlich ausgesucht hat. Mein Azubi hat dort alles für die Zeremonie vorbereitet. Wenn es in Ihrem Sinne ist, werde ich auch die Urne dorthin transportieren, es sei denn, jemand von Ihnen wünscht, das selbst zu übernehmen?«

Leonie schüttelt erschrocken den Kopf. Der Förster greift nach dem Henkel der Urnentasche und fragt, ob jemand so freundlich sein möge, das Abspielgerät zu tragen; nach der Trauerrede des Herrn Pfarrer solle damit der letzte Musikwunsch der Verstorbenen erfüllt werden. »Klar«, sagt Kevin und schnappt sich die Box.

Angeführt vom Förster macht sich die kleine Prozession auf den Weg, der zwar asphaltiert ist, aber recht schmal durch den Laubwald bergauf geht. Frau Glueck hat sich bei Herrn Wissmer eingehakt, Kevin und Amira sind in ein augenscheinlich angeregtes Gespräch vertieft, und Pastor Prick nimmt Leonie, die immer wieder stolpert, an die Hand. Die beiden wären ein schönes Paar, denke ich melancholisch. Wenn ich die jungen Leute so anschaue, fühlt sich dieser warme Oktobertag wie Altweibersommer im Wortsinne an. Nur Kira stapft als Letzte allein bergauf, bis ich mich zurückfallen lasse, obwohl ich mir eigentlich ein paar Momente der Ruhe ohne Small Talk wünsche. Sie lächelt mich dankbar an. »Ich wusste nicht, wie unheimlich friedlich ein Friedwald ist«, sagt sie. Mein »mhm« scheint sie sensibel als Signal meiner Sehnsucht nach Stille wahrzunehmen, wir gehen schweigend weiter, was sich angenehm einvernehmlich anfühlt.

Der Friedwald wirkt nicht nur friedlich, sondern auf tröstliche Weise lebendig. Die Natur hat sich nach dem lang vermissten Regen aus der Verdorrung befreit und mit frühlingshaftem Grün vollgesogen, im versteppten Unterholzgestrüpp sprießen neue Triebe zwischen abgestorbenen Blättern.

Nach etwa zweihundert Metern kommen wir zu einer Lichtung, hier sind im Kreis Holzbänke angeordnet. Der Förster hält an und erklärt, dies sei eine Stätte für Trauerfeiern, falls die Zeremonie nicht wie in unserem Fall direkt am Bestattungsbaum geplant sei. Der Herr Pfarrer habe ihn überredet, dass hier ausnahmsweise nach der Bestattung noch eine Begegnung mit Imbiss und Umtrunk stattfinden dürfe.

»Fanden wir schöner, hier unter freiem Himmel, als einen Leichenschmaus in der Kneipe«, erklärt Leonie und legt kurz den Kopf an die Pastorenschulter.

Es ist sehr still im Wald, die Singvögel sind weitgehend verstummt oder gen Süden gezogen. Die Sonne fällt schräg durch die Äste und zeichnet ein streifiges Muster. Es riecht herbstlich nach Laub, das, nun wieder vollgesogen, auf dem Waldboden verrottet.

An einer dicken Buche hält der Förster an; ein rundes Emailleschild weist sie als Baum Nr. 452 aus. Dort erwartet uns der avisierte Azubi, dessen spärlicher Vollbart nicht zu seinem Kindergesicht passt. »Grüß Gott«, murmelt er und nimmt Kevin die Boombox ab. Der Förster stellt die Urnentasche auf eine Ablage mit der Form eines Baumstumpfes neben der kreisrunden, etwa einen Meter tiefen Aushebung. Vom Polyester befreit, fügt sich die Urne, die mit Baumrinde und Moos beklebt ist, nahtlos ins Waldambiente ein. Passend dazu zwitschern einige Vögel munter drauflos. Der Förster nickt dem Pastor zu. Prick stellt sich neben die Urne und kramt einen verknautschten Zettel aus der Hosentasche.

»Liebe Leonie, liebe Frau Doktor, lieber Herr Förster, liebe Gäste, ich habe den ausdrücklichen Auftrag, keine konventionelle und schon gar keine kirchentypische Trauerrede zu halten und mich kurz zu fassen. Deshalb werde ich einfach erzählen, wie ich Elena Luxner erlebt habe.«

Er nickt Leonie zu, über deren verweintes Gesicht ein Lächeln huscht.

»Ich habe die Verstorbene vor einigen Jahren beim *Club der altruistischen Atheisten* kennengelernt, von dem ich zu einer Podiumsdiskussion eigeladen war. Ich erinnere mich noch an das Thema des Abends: *Hat das Christentum die Nächstenliebe gepachtet?* Wir hatten darüber eine lebhafte Kontroverse. Anschließend kam ich mit Frau Dr. Luxner unter vier Augen ins Gespräch – und das war so anregend, dass wir es nach Ende der Veranstaltung bei einem langen Spaziergang fortsetzten.«

»Typisch Elena«, sagt Leonie leise und sieht den Pfarrer so schwärmerisch an, dass ich mich frage, ob sie weiß, dass er schwul ist.

»Elena Luxner war weder religiös noch eine Kirchgängerin«, fährt der Pastor fort. »Vielleicht war sie so etwas wie eine bekehrbare Agnostikerin. Sie fand, eine der wichtigsten Lehren aus jeglicher Naturwissenschaft sei, zu erkennen, wie wenig man weiß. Wörtlich sagte sie mir: ›Nach allem, was ich gelernt habe, gibt es für mich keinen logischen Grund, an irgendeinen Gott zu glauben. Aber da wir mit dem Verstand so vieles nicht erfassen, können wir auch nicht wissen, dass es *keine* übergeordnete Instanz gibt.‹ Im Gegensatz zu vielen Agnostikern hatte Frau Dr. Luxner nie erwogen, aus der Kirche auszutreten. Ihre Kirchensteuer zahle sie gerne, da in Zeiten des Hasses die Religionsgemeinschaften wenigstens das Prinzip der tätigen Nächstenliebe hochhielten. Deren Schwund erfüllte sie nämlich mit tiefer Sorge, auch weil Hass meist lauter ist als Liebe, das macht ihn so gefährlich.«

Der Pfarrer legt drei Sekunden Pause ein, die Älteren nicken. Fast schäme ich mich, dass mir jene Beispiele *tätiger Nächstenliebe* durch den Kopf gehen, die den Kirchen Massenaustritte beschert haben.

»Doch nicht immer ist das Gegenteil von Liebe der Hass. Vielmehr ist das Gegenteil der Liebe oft Gleichgültigkeit. Die Bequemlichkeit, die Feigheit, die uns lieber weg- als hinschauen lässt, weil Hinschauen uns vor die Entscheidung stellt, uns entweder zu engagieren oder Missstände sehenden Auges zu ignorieren.«

»Yes!«, sagt Amira laut, ihre Stimme klingt schrill, und sie hält sich erschrocken eine Hand vor den Mund.

Ein leises melancholisches Lächeln umkräuselt die Augen des Pfarrers; es verleiht ihm gleichzeitig etwas

Kindliches und eine Prise seelsorgerische Altersweisheit, für die er viel zu jung ist.

»Vor knapp drei Monaten begegnete ich Frau Luxner nach längerer Zeit einmal wieder im Supermarkt«, fährt er fort. »Sie berichtete, schwere Zeiten durchgemacht zu haben, auch gesundheitlich, aber nun gehe es ihr besser, und sie habe – nicht zuletzt dank Ihnen, liebe Frau Doktor – wieder neuen Lebensmut geschöpft. Niemand konnte ahnen, dass ein tragischer Unfall sie kurz darauf aus dem Leben reißen würde. Doch für alle, die ihr nahestanden, mag es tröstlich sein, dass sie vor ihrem Tod optimistisch in die Zukunft sah.«

Bei diesen Worten schaut der Pfarrer Leonie direkt an, sie nickt und hält sich ein Taschentuch vors Gesicht. Ich forsche in Pricks Gesicht nach Mikroexpressionen* als Indiz für eine mögliche Lüge. Das habe ich in einem Workshop gelernt, den ich absolvierte, um die kleinen Schwindeleien zu erkennen, mit denen ich im ärztlichen Alltag konfrontiert werde – oft nicht einmal bewusste Lügen, sondern nur Symptome der Unfähigkeit, einer unschönen Wahrheit ins Auge zu sehen. Für einen Sekundenbruchteil trifft sein Blick meinen – und verrät nichts als freundliche Empathie, kein komplizenhaftes Ertapptsein.

Dieses Fass werde ich nicht aufmachen.

Nach Leonies Erinnerungsmail hatte ich den Neurologen angerufen. Der Kollege teilte mir mit, die bisherigen Tests hätten bei der Patientin Luxner den dringenden Verdacht auf eine Demenz im Anfangsstadium ergeben; jedoch sei das bislang keine abschließende Diagnose, die sich auch deshalb schwierig gestalte, da Frau Luxner noch über eine weitgehend intakte Fassade verfüge. Also hatte er sich mit der Patientin darauf geeinigt, zunächst den Verlauf zu beobachten und in drei bis sechs Monaten gegebenenfalls weitere Diagnostik einschließlich Bildgebung durchzuführen. Frau Luxner habe diese Information gelassen und gefasst aufgenommen, sie sei davon überhaupt nicht überrascht gewesen.

Ich zwinge meine Konzentration auf Kurs für die nächsten Worte des Pfarrers: »Frau Dr. Luxner war eine angesehene Wissenschaftlerin, dennoch lebte sie bescheiden und spendete großzügig. Bei unserem letzten Zusammentreffen äußerte sie neben der Furcht um den Weltfrieden auch ihr Bedauern darüber, dass in unserem Lande derzeit die größte Sorge vieler Menschen dem Erhalt des Wohlstandes gelte. Sie sagte: ›Wo steht eigentlich geschrieben, dass Menschen einen Anspruch auf einen bestimmten Lebensstandard haben, es sei denn, der liegt am Existenzminimum?‹ Eine solche Sichtweise sollte manchen unserer Mitmenschen gerade in diesen Krisenzeiten ein Vorbild sein.«

Leonie schluchzt, Frau Glueck reicht ihr ein frisches Taschentuch und legt den Arm um ihre Schulter. Der

Pastor gibt den beiden einen Moment Zeit, bevor er weiterspricht.

»Als Geistlicher sage ich Ihnen: In Zeiten des Hasses müssen wir das Lieben wieder lernen. Doch als Mitbürger sage ich Ihnen: In Zeiten der medialen Überflutung müssen wir wieder das Denken und Rechnen lernen. Leonie Luxner erzählte mir, dass sie oft mit ihrer Mutter gestritten hat – über Gott, an den die Wissenschaftlerin nicht glaubte, und über die Welt, die sie manchmal mit anderen Augen sah. Nicht selten war Leonie genervt, wenn sie ihrer Mutter von Dingen berichtete, die sie gelesen oder gehört hatte, und diese sie wieder einmal fragte: ›Wo hast du das denn her?‹ Dann hat Frau Dr. Luxner die angegebene Quelle auf deren Informationsqualität überprüft und die Plausibilität von Daten, Fakten und Zahlen analysiert. Von ihrer Mutter lernte Leonie, dass man Menschen durchaus vertrauen kann, ohne ihnen alles zu glauben; und dass Menschen dazu neigen, Fakten nur zur Kenntnis zu nehmen, wenn sie in ihr Weltbild passen.«

Wie ein schwarz schillernder Kampfjet im Sturzflug landet eine Krähe auf einer benachbarten Buche und pickt auf einem rotbraunen Namensschild herum. Als das vermeintliche Nahrungsobjekt ihrer Schnabelattacke widersteht, hackt sie zunehmend aggressiv darauf ein, dann fliegt sie frustriert davon, ihr lautstarkes Krächzen klingt empört.

Der Pfarrer lässt sich davon ablenken und muss auf seinen Spickzettel schauen. »Die gefährlichsten Lügen sind übrigens jene, die man sich selbst glaubt, und die Grenze zur bewussten Täuschung anderer ist oft fließend. Vermutlich wurde zu allen Zeiten gleich viel gelogen. Doch etwas hat sich geändert: Früher war das Lügen wenigstens verpönt, auch in der Politik, und es wurde vom Wähler bestraft, wenn man sich erwischen ließ. Heute ist das Verkünden falscher Wahrheiten für viele Politiker zu einem Sport geworden, bei dem man umso besser abschneidet, je offensichtlicher die Fakten mit Füßen getreten werden. Nach dem Motto *fake truth durch fake news.* Je närrischer das Narrativ, umso weniger kann man sich vorstellen, dass es frei erfunden sein könnte. Deshalb brauchen wir Menschen wie Elena Luxner, die mit scharfem Blick und analytischem Verstand Facts und Fiction hinterfragen. Ein weiterer von vielen Gründen, warum wir sie vermissen werden. Möge dieser Geist in ihrer Tochter und ihrem Enkel weiterleben.«

Kevin klatscht zweimal, dann bemerkt er Marlene Gluecks strafenden Blick, hastig vergräbt er seine großen Hände in den Hosentaschen.

Der Pfarrer neigt dankend den Kopf und nickt dann dem Förster zu. Der tritt zur Urne und fragt Leonie: »Sind Sie bereit?« Auf ihre Bestätigung ergreift er die beiden Kordeln, die seitlich aus der Urne ragen, und lässt sie vorsichtig und langsam ab in die Grube, auf deren Grund sie dennoch mit einem hässlich klackenden Geräusch aufkommt.

Alle treten näher. Zunächst wirft Leonie ihre weiße Rose auf die Urne, dann die anderen. Als die Blumen im Erdreich verschwunden sind, hebt der Pastor die Hände: »Wer von Ihnen an Gott glaubt, möge ihm ein stummes Gebet schicken, allen anderen schlage ich eine Minute der stillen Meditation vor, so können wir den Abschied von Elena Luxner gemeinsam erleben und ihr – jeder auf seine Weise – eine gute Reise wünschen.«

Die Stille der Schweigeminute wird vom Vogelzwitschern verstärkt. Das dann schlagartig aufhört, als der Azubi sich am Gettoblaster zu schaffen macht, aber nicht sofort findet, was er abspielen möchte. Kurz wird es totenstill. Dann singt Zaz: *Si jamais j'oublie*, und der Text macht mir Gänsehaut. *Wenn ich es jemals vergesse, sag mir, wer ich bin und warum ich lebe. Dann sag mir, was ich mir damals versprochen habe.*

Die Musik flutet das kleine Walduniversum, das uns friedlich umschließt – und das gleichzeitig sehr weit wird.

⌖

Prost, Putin!

Ich habe viele schreckliche Beerdigungen erlebt und noch nie eine schöne. Heute schon. Die alten Bäume über uns waren wie ein Dach, unter dem man sich beschützt fühlt, aber trotzdem frei, wegen der vielen kleinen Fenster, durch die man in den Himmel gucken kann. Das war für mich feierlicher als in einer Kathedrale. Auch die Vogelstimmen klangen wie ein himmlischer Kirchenchor – obwohl ihr Gesang aus einer Zwitscher-App kam.

Auf dem Rückweg haben der Prof und die Glueck Leonie in die Mitte genommen, sie sehen fast aus wie eine kleine Familie.

Kevin geht wieder neben mir und babbelt, ich bin aber noch so bewegt, dass ich kaum zuhöre, obwohl ich es nicht unangenehm finde, dass er seit einiger Zeit so charmant mit mir ist. Der Pastor stößt zu uns, und Kevin stürzt sich auf ihn: »Herr Pfarrer, wie können Sie eigentlich weiter an den lieben Gott glauben, wenn Sie jeden Tag sehen, wie er zulässt, was gerade in der Welt passiert?«

»Frage ich mich auch manchmal«, antwortet der Prick. »An den *lieben* Gott habe ich sowieso nie geglaubt. Wohl aber an ein höheres Wesen, also eine übergeordnete Instanz, die für das gesamte Universum zuständig ist. Das besteht nach neueren wissenschaftlichen

Berechnungen aus ein bis zwei Billionen Galaxien. Unsere Heimatgalaxie, die Milchstraße, umfasst hundert Milliarden Sterne, einer davon ist die Erde. Wenn wir aus der traurigen Tatsache, dass auf unserem kleinen Planeten nicht alles rundläuft, nun den Schluss ziehen, das sei ein Beweis gegen die Existenz Gottes, dann scheint mir das ein bisschen kleingeistig.«

Kevin starrt den Pastor mit offenem Mund an. »Wow«, sagt er andächtig. »Nicht schlecht für 'nen Schwarzrock!«

In der Mitte zwischen den Holzbänken stehen jetzt zwei Campingtische mit abgedeckten Platten und zwei Kühlboxen, außerdem Biopappteller und -becher.

Der Pfarrer stellt vier Flaschen Cidre und zwei Kanister naturtrüben Apfelsaft auf den Tisch; Leonie deckt die Platten ab. »Die Blätterteigtaschen waren eine Spezialität meiner Mutter«, erklärt sie uns. »Ich habe versucht, die nachzumachen, aber sie sind mir nur halb so gut gelungen. Die linken sind mit Käse und Schinken gefüllt, die rechts mit einer Feta-Spinat-Mischung und die süßen in der Mitte mit Quark und Aprikose.«

Wir greifen zu, die Glueck dankt Leonie, dass sie sich trotz ihrer Trauer in die Küche gestellt und für uns gebacken hat. Der Pfarrer gießt Getränke ein. Leonie wischt sich hektisch mit einem Papiertaschentuch im Gesicht herum, steht auf und geht in die Mitte zwischen die Holzbänke. Sie nimmt sich einen Becher Cidre und trinkt ihn schnell halb leer. Der Pastor sagt streng: »Leonie, bitte!« So moralisch kenne ich ihn gar nicht, die Glueck schüttelt den Kopf, auch die Chefin zieht eine Augenbraue hoch. Leonie guckt total erschrocken und schlägt sich mit der Hand an die Stirn. Sie zieht einen Kugelschreiber aus der Tasche und klopft gegen den Becher, bis sie merkt, dass Pappe nicht klingt. Dann greift sie nach einer der Flaschen, ihr Kuli erzeugt nur eine dumpfes Klacken, aber sie hat auch so unsere Aufmerksamkeit.

»Liebe …«, fängt sie an und bricht wieder ab, weil ihr ein Schluchzer die Stimme abquetscht. Es dauert fünf Sekunden, bis sie sich wieder fängt. »Ich weiß gar nicht, wie ich euch ansprechen soll, für *liebe Freunde* kennt ihr mich nicht gut genug, aber wer außer Freunden würde schon zu einer Beerdigung kommen, wenn er die Hinterbliebene gar nicht richtig kennt, und da habe ich mir Mut antrinken wollen, aber das darf ich gar nicht. Der Pastor hat es gleich gemerkt, und ihr habt es euch ja sowieso schon gedacht, also ich bin …« Leonie wird vom Schluchzen durchgeschüttelt.

Der Pastor steht auf, zieht ein Stofftaschentuch aus seiner Jacke, das durchgeheulte Tempo nimmt er ihr ab und stopft es in den halb leeren Becher. Dann legt er den Arm um Leonie und wendet sich an uns. »Ich sag jetzt einfach doch einmal: ›Liebe Freunde!‹ Auch wenn ich die meisten von Ihnen nur flüchtig oder gar nicht kenne. Freunde müssen nicht unbedingt Personen sein, mit denen uns eine gemeinsame Biografie verbindet; Freunde können auch Menschen sein, die in einer entscheidenden Lebenssituation einfach da sind und Beistand leisten, ohne etwas dafür zu erwarten. Leonie hat mir gestanden, dass sie Angst davor hatte, heute mit mir allein vor dem Grab zu stehen. Ihre Mutter sei schon zu Lebzeiten zu viel allein gewesen, und eine Bestattung ohne Trauernde wäre dann so eine endgültige Einsamkeit. Deshalb sind wir beide froh, dass Sie heute da sind.«

Leonie lächelt unter Tränen, das sieht aus wie ein Regenbogen, wenn die Sonne durch die Nässe scheint.

»Ich habe mit alternativen Grabreden nicht so viel Erfahrung«, fährt der Pastor fort, »und heute habe ich mich ganz unprofessionell verquatscht, als ich davon sprach, der Geist von Frau Luxner möge in ihrer Tochter und ihrem Enkel weiterleben.«

Die Chefin schaltet am schnellsten. »Leonie, Sie sind schwanger!«, sagt sie begeistert. »Wie wunderbar! Das ist Ihnen sicher ein großer Trost!«

Ich bin ganz baff, als Kevin eine struppige Blume neben seiner Holzbank abrupft und sie Leonie mit einer kleinen Verbeugung übergibt, als wäre er ein richtiger Gentleman. »Herzlichen Glückwunsch, Frau Luxner«, sagt er, »Ich finde es gut, dass Sie die Gene von Ihrer

Mom weitergeben. Sie war eine coole Lady mit einem echt hellen Hirn.«

Leonie presst die Pflanze an ihre Brust: »Danke, das hast du schön gesagt. Ich bin die Leonie.«

Kira kramt aus ihrer Handtasche ein rosa Marzipanschweinchen, das im Maul ein grünes, vierblättriges Kleeblatt trägt, das drückt sie der Verdutzten in die Hand. Alle gratulieren und schnattern durcheinander, plötzlich sind sie ganz fröhlich. Bis auf Frau Doktor, die hat wieder ihren skeptischen Blick, wie immer, wenn etwas anders aussieht, als es ist. Sie hat gemerkt, dass der Ausdruck von Leonies Gesicht wieder ganz trübe ist, gar nicht mehr Regenbogen. Ich selbst habe so eine Ahnung, dass der werdende Vater ein ziemlicher Arsch sein muss, wenn er seine schwangere Freundin allein von Australien zur Beerdigung ihrer Mutter fliegen lässt. Ich würde Leonie auch gerne etwas schenken, habe aber nichts dabei und frage, wann sie wieder nach Hause fliegt. Da habe ich wohl einen Fettnapf erwischt, denn sie fängt wieder an zu weinen.

»Nach Hause ...«, antwortet sie. »Ich Blödfrau wusste gar nicht, wo zu Hause ist.« Sie schnäuzt sich die Nase. »Jetzt habe ich es kapiert und bleibe hier.«

Keiner sagt was. Dann traut sich die Glueck. »Mögen Sie uns vielleicht erzählen ...?«

Kevin bringt Leonie ein Glas naturtrüben Apfelsaft. Sie bedankt sich, trinkt einen großen Schluck; dann sprudelt es aus ihr heraus. Djalu, ein Australier indigener Abstammung, hatte sie zur Auswanderung überredet und ihr ein romantisches Landleben auf seiner kleinen Farm versprochen, mit eigenen Merinoschafen. Von den Erträgen würden sie bescheiden, aber auskömmlich leben können und sich ansonsten mit Bionahrung aus eigenem Anbau selbst versorgen.

»Es war so romantisch, sich bei einer Protestkundgebung in einen seelenverwandten Aktivisten zu verlieben und mit ihm an den Arsch der Welt zu ziehen. Für diesen albernen Traum einer wohlstandsverwahrlosten Westlerin hab ich meine total verstörte Mutter allein gelassen«, sagt Leonie. »Und als wir in Queensland ankamen, entpuppte sich die ›Farm‹ als abgewohnte Kate, die nicht Djalu, sondern einem Cousin gehörte. Die Schafe hatten eklige Krankheiten wie Lippengrind und Schafrotz, der Gemüseacker war ausgetrocknet, und an den Kiwisträuchern hing nur schrumpeliges Dörrobst.«

Leonie beißt in eine Blätterteigtasche, ehe sie weitererzählt. In der ersten Zeit hatte die Verliebtheit alle Widrigkeiten überstrahlt. Die geteilte Leidenschaft für die Natur und der gemeinsame Kampf gegen Klimawandel und Umweltzerstörung schweißten die beiden zusammen und ließen die Beziehung als etwas Besonderes erscheinen. Mit vereinten Kräften brachten sie die kleine Farm auf Vordermann. Aber irgendwann packte den Aktivisten die Unruhe, das Dasein als Bauer und Blogger füllte ihn nicht mehr aus. Er nahm sein Globetrotterleben als Klimakämpfer wieder auf, anfangs mit Leonie, dann immer öfter allein. Während er zu Meetings an exotische Orte reiste, kümmerte sie sich um die Farm.

»Scheißmänner!«, schimpft Kira. »Und die Schwangerschaft hat nichts geändert?«

»Doch, schon«, antwortet Leonie trocken. »Als ich ihm davon erzählte, war der werdende Vater ruckzuck verschwunden. Und ich saß mit anschwellendem Bauch und blökenden Schafen allein im Outback auf dem platten Land.«

Leonie zwirbelt eine Haarsträhne um ihren linken Zeigefinger und erzählt, sie hätte sich so sehr geschämt, dass sie ihrer Mutter das Beziehungsdebakel und die Schwangerschaft verschwieg. Das bereut sie nun besonders, weil sie weiß, wie sehr die Verstorbene sich Enkel gewünscht hätte.

»Immerhin hat Djalu vor seinem Verschwinden versucht, mich zu einer Abtreibung zu überreden«, sagt sie so, als wäre das eine gute Tat von ihrem Ex gewesen. »Er hat mir erklärt, dass er es unverantwortlich fände, ein Kind in diese Welt zu setzen. In eine Welt, in der gerade alles den Bach runtergeht. In der überall die rechten Despoten auf dem Vormarsch sind. In der unser Planet entweder verbrennt oder absäuft. In der eine globale

Armuts- und Hungerkrise im Gange ist. In der Putin unsere Erde vielleicht irgendwann atomisiert ...«

Alle schauen auf den Boden oder aneinander vorbei, der Pastor putzt seine Brille. Mir wird kühl, und das Grün im Wald scheint plötzlich nicht mehr frisch, sondern düster wie die Tarnfarben von Soldatenuniformen.

Kira klingt verlegen, als sie fragt: »Hast du denn mal daran gedacht, die Schwangerschaft ...?«

»Klar, hundertmal«, unterbricht Leonie. »Ich weiß ja, dass Djalu in vielem recht hat. In zahllosen Albträumen habe ich mein Kind hungrig durch eine atomare Wüste irren sehen. Aber verdammt, ich bin vierunddreißig, meine biologische Uhr tickt, und vielleicht ist es meine letzte Chance ...«

»Dein Ex ist ein Vollpfosten«, sagt Kevin und klingt, als wollte er den Pfosten am liebsten in Stücke hacken. »Nicht, dass ich seinen Weltuntergangswahn nicht verstehe, aber wie er damit umgeht, ist komplett unlogisch.«

Leonie sieht Kevin an, als hätte er ihr Hoffnung gemacht. Er redet weiter: »Wenn Dein Djalu ernsthaft glauben würde, dass eh alles den Bach runtergeht, wäre es völlig witzlos, dass er herumreist und gegen den Klimawandel kämpft. Der macht das, weil er genau weiß: *It's not over til it's over.* Und falls es eine Chance gibt, den Planeten zu retten, wäre es ziemlich scheiße, wenn da dann keine Kinder mehr wären – weil genau die Menschen, die sich für die Welt engagieren, zu feige waren, sich fortzupflanzen.«

Frau Doktor hält den rechten Daumen hoch. »Bingo, Kevin«, sagt sie. »Ich hätte das anders formuliert, aber inhaltlich ist es unschlagbar! Resignation bedeutet Einverständnis mit dem Niedergang. Und dagegenhalten kann nur, wer an das Leben glaubt.«

»Danke«, sagt Leonie leise, und ihr Gesicht wird butterweich. »Danke, dass ihr da seid.« Sie nimmt sich einen neuen Becher, greift nach einer Flasche Cidre und schenkt sich einen winzigen Schluck ein. »Trinken wir auf das Leben!«

Alle sehen gerührt aus, *Leben* zieht eben immer – und Babys auch – vor allem ungeborene. Es wird wieder wärmer im Wald.

Leonies hellere Stimmung hält leider nicht lange. Als der Pastor fragt, ob sie künftig im Haus ihrer Mutter leben wolle, nickt sie und muss wieder heulen. Dann rattert sie los: »Das kleine Häuschen aus den Sechzigerjahren ist seit Urzeiten nicht renoviert worden und total abgefuckt. Verkalkte Wasserleitungen, marode Elektrizität, eine uralte Gasheizung, jahrelang nicht mehr gewartet, teilweise sogar Schimmel an den Wänden.«

Sie holt Luft und kriegt hektische Flecken am Hals. »Und kein Geld übrig, nicht mal für Miete. Hab alles verbraucht für Australien. Mutters Konto ist fast leer, das

Haus nicht schuldenfrei und im derzeitigen Zustand weder verkäuflich noch wirklich bewohnbar, vor allem, wenn der Winter kommt. Und kein Job. Und kein Studienabschluss. Und keine Berufserfahrung. Und demnächst alleinerziehend. Und jetzt schwanger ohne Krankenversicherung, die habe ich nämlich gekündigt, als ich nach Australien gegangen bin.«

Ich weiß genau, was als Nächstes kommt.

»Wegen der Krankenversicherung machen Sie sich mal keine Sorgen«, sagt Frau Doktor, »das kriegen wir schon hin.« So ist das bei ihr immer: Wenn sie meint, dass jemand Hilfe braucht und woanders nicht bekommt, dann hilft sie. Das hat sich rumgesprochen, und wahrscheinlich behandelt in unserer Stadt kein anderer Arzt so viele Patienten umsonst.

Frau Glueck macht mit beiden Händen eine Beruhigungsbewegung und sagt zu Leonie: »Vertrauen Sie Frau Doktor, meine Liebe! Ich habe durch meine Schule gute Beziehungen zum Sozialamt und werde für Sie einen Termin vereinbaren, damit wir herausfinden, was es für Möglichkeiten gibt, Sie finanziell zu unterstützen. Frei nach unserem Kanzler: *you never walk alone.*«

»Finde ich gut«, sagt Kevin. Er hat mir erzählt, dass er die Glueck mag, weil sie so eine soziale Person ist, aber vor den anderen hat er sie noch nie gelobt. Er dreht sich zu Leonie. »Entspannt euch, Babys, ich komme renovieren, hab schon öfter vergammelte Wohnungen auf Vordermann gebracht.«

Kevin legt den Kopf schief und schaut mich an wie ein Hund, der ein Stück Wurst will. »Amira, würdest du mir helfen?«

Mir fällt auf, dass er ziemlich schöne braune Augen und lange Wimpern hat. »Klar«, antworte ich – was soll ich auch sonst sagen? Ich stehe zwar nicht drauf, überrumpelt zu werden, aber eigentlich freue ich mich.

»Mich fragt zwar keiner«, mault Kira, »aber ich komme auch.«

»Ich koche für euch alle«, sagt die Glueck.

Der Professor hebt den rechten Zeigefinger, als wäre er einer von Marlenes Schülern. »Ich habe leider zwei linke Hände, aber mein Nachbar ist Heizungstechniker und schuldet mir noch einen Gefallen.«

Fehlt nur noch der Pastor. »In meiner Gemeinde gibt es Handwerker aller Art«, sagt er. »Die machen sicher manches für einen Freundschaftspreis. Und ich selbst habe damals das ganze Pfarrhaus mit meiner Haushälterin renoviert, ich helfe mit!«

Alle klatschen. Leonie sieht wieder aus, als hätte jemand mit Photoshop den Weichzeichner über ihr Gesicht laufen lassen. »Kein Wunder, dass Elena so von euch geschwärmt hat.« Sie zwinkert der Glueck zu. »Sogar wenn Putin uns doch die Welt um die Ohren fliegen lässt«, fängt sie an, muss aber eine Kicherpause machen; zwei Tränen fließen zusammen und bleiben in der Lachfalte knapp oberhalb ihrer linken Lippe hängen. »Also selbst, falls Putin uns Armageddon beschert, ist es doch tröstlich, wenn man, frei nach dem Kanzler, sagen kann: *you never die alone.*«

Betroffenes Schweigen. Das tut mir leid für Leonie, es gibt nichts Peinlicheres als eine Pointe, über die keiner lacht. Kevin merkt das wohl auch und will ihr aus der Patsche helfen. »Auch wenn Putin noch so viel kaputt macht, unserer kleinen Truppe hat er irgendwie auch was Gutes getan.«

»Geht's noch?«, fragt Kira. »Hast du zu viel Cidre getankt?«

»Nee, Saft von der Fallobstwiese«, antwortet Kevin und nimmt einen Schluck. »Also, ich sag's mal so: Im letzten halben Jahr haben wir uns so viel über Putin gestritten und über alles, was er angerichtet hat, dass wir uns immer besser kennengelernt haben. Wie eine Familie, in der man sich manchmal tierisch nervt – aber wenn's drauf ankommt, hält man zusammen. Und jetzt haben wir auch noch einen coolen Familienpfaffen, der uns das Universum erklärt.«

Keiner kommentiert Kevin, aber alle gucken, als hätten sie gerade etwas gefunden, wonach sie gesucht haben, ohne es zu wissen. Ich denke mal, in Krisen funktionieren Babys und Familie ganz ähnlich: Beides zieht meistens als wirksamer Trost. Wie sehr, merkt man erst, wenn es fehlt. Inseln werden wichtiger, je mehr Kontinente verwüstet sind. Menschen, die zusammenhalten, oder Kerle wie Kevin, die abgebrüht tun und vor lauter Gefühlen dann kitschig werden, sind so was wie Bojen: Auf Dauer verhindern sie das Absaufen nicht, aber man kann sich dran festhalten. Kurzfristig.

Pastor Prick verzieht keine Miene, nur seine großen Segelohren werden ein bisschen rot. Er hebt seinen Pappbecher und sagt: »Na dann – Prost, Putin!«

Nachwort und Danksagung

Liebe Leser:innen,

danke, dass Sie in Frau Doktors fiktivem Wartezimmer ausgeharrt und die Gruppe in den Friedwald begleitet haben. Gerne möchte ich es in Ihr Ermessen stellen, welchem Genre Sie das Buch zuordnen. Der Verlag drückte sich um die eindeutige Namensgebung durch Verwendung einer Klammer auf dem Cover.[2] Sollte dadurch der Eindruck entstehen, die Beteiligten nähmen die Gattungsschublade nicht ganz ernst, so wird dem nicht widersprochen.

Ursprünglich als Kurzgeschichte gedacht, sollte *Putin im Wartezimmer* Teil einer Anthologie von »Geschichten aus dem Gesundheitswesen« sein. Im bunten Spektrum der unterschiedlichen medizinischen Disziplinen war in dieser Sammlung ein Kapitel für die Hausärzte vorgesehen, deren langsamer, aber stetiger Schwund unser Sozialgefüge nachhaltig verändern wird.

Nach der »Zeitenwende« am 24.2.2022 wurde es schwierig, Themen als wichtig genug zu empfinden, um darüber zu schreiben. In dieser Krise fanden der Ukrainekrieg und das Hausarztsterben spontan zueinander und entfalteten zusammen eine unwiderstehliche Sogwirkung auf die Autorin, sodass sie den Aus-

---

2 politischer (arzt)roman

stieg aus der Kurzgeschichte verpasste und den Rahmen auf zehn Sitzungen ausdehnte. In diesem halben Jahr kamen sich die Patienten im Wartezimmer durch kontroverse Debatten über die Weltlage so nahe, dass die Trennung schwerfiel und sie der Einladung des Schicksals zu einem weiteren Treffen gerne nachkamen.

Meine eigene Auseinandersetzung mit den politischen Ereignissen legte ich einer Protagonistin in den Mund: *Durch die Verwandlung in Geschichten wird Bedrohliches besser verdaulich.*

Es ist ein Autor:innen-Privileg, handelnde Personen frei zu erfinden und nicht in sämtlichen Details realistisch darzustellen. Natürlich würde kein Arzt in der beschriebenen Weise Informationen über seine Patienten preisgeben. Hingegen wurden die politischen Ereignisse, Fakten, Zahlen und historischen Hintergründe für *Putin im Wartezimmer* mit angemessener Sorgfalt recherchiert – und sind für interessierte Leser:innen in einem umfassenden Quellenverzeichnis überprüfbar. Die Angaben beziehen sich jeweils auf die zum angegebenen Zeitpunkt gültige Datenlage.

Dass ein Text, der sich mit laufenden Ereignissen beschäftigt, schnell von diesen überholt werden kann, war mir bewusst. Dennoch fand ich es lohnend, in der Rückschau den jeweiligen Stand der Diskussionen festzuhalten, in der Hoffnung, damit Entwicklungen nachvollziehbar zu machen.

Mein besonderer Dank gilt Daniel Horowitz. Durch seine Illustrationen wird sinnlich erfahrbar, was die Diskutanten im Wartezimmer bei ihren politischen Diskursen erleben: Wenn mehrere Menschen das Gleiche betrachten, entstehen unterschiedliche Wirklichkeiten.

Dr. Verena Sautter danke ich für die kontinuierliche Begleitung bei der Romanentstehung, den Faktencheck der medizinischen Zusammenhänge und die intimen Einblicke, die sie mir in die Herausforderungen des hausärztlichen Alltags gewährte.

Weiterhin danke ich allen[3], die mich durch ein offenes Ohr, kreative Ideen, Lektorat, Korrektorat, Buchgestaltung, wohlwollende oder kritische Rückmeldung und geduldigen Zuspruch unterstützt haben: Dieter Durchdewald, Norbert Funk, Dr. Annette Huesmann, Dr. Felicitas Igel, Dr. Michaela Jahn-Eder, Beate Leopold, Michaela Mohr, Andreas Pawlenka, Claus Sautter und Eva Wagner.

---

3 In alphabetischer Reihenfolge

Glossar

M. Alzheimer: häufigste Form der Demenz, meist bei Menschen über 65 Jahre. Durch das Absterben von Nervenzellen im Gehirn werden Erkrankte zunehmend vergesslich, verwirrt und orientierungslos.

Benzodiazepine: Medikamente, die angstlösend, beruhigend, schlaffördernd (oder schlaferzwingend) und muskelentspannend wirken.

Down-Syndrom: Trisomie 21 (umgangssprachlich früher »Mongolismus«) ist eine angeborene Chromosomenstörung, die durch ein zusätzliches Chromosom 21 hervorgerufen wird.

Diabetes Typ 2 (»Alterdiabetes«) entsteht durch eine verminderte Empfindlichkeit der Körperzellen für Insulin und nachlassende Produktion insulinproduzierender Zellen, häufig bei Übergewicht.

Diuretikum: Medikamente zur Entwässerung durch Anregung der Harnausscheidung bei Bluthochdruck und Herzschwäche.

Doxylamin: stark sedierendes Antihistaminikum, das als Schlafmittel zur Kurzzeittherapie und zur nächtlichen Linderung von Erkältungs- und Allergiesymptomen eingesetzt wird.

Epigenetik: Fachgebiet der Biologie zur Erforschung von Änderungen der Genfunktion, die nicht auf Veränderungen der Sequenz der Desoxyribonukleinsäure (DNA) beruhen und dennoch an Tochterzellen weitergegeben werden.

Gynäkomastie: ein- oder doppelseitige Vergrößerung der Brustdrüse beim Mann durch Vermehrung des Drüsengewebes oder durch Fetteinlagerung bei Übergewicht.

Herdenimmunität: Notwendiger Anteil von Individuen innerhalb der Gesamtbevölkerung, die nach überstandener Infektion oder durch Impfung gegen eine Infektion immun sind.

Hypertonus: Bluthochdruck

Kortison: Sammelbegriff für Medikamente, die ähnlich dem körpereigenen Cortisol antientzündlich/antiallergisch wirken und das körpereigene Immunsystem hemmen.

LNG: Abkürzung für Liquefied Natural Gas. Es handelt sich dabei um verflüssigtes Erdgas, das auf -161 bis -164 °C abgekühlt und auf einen Bruchteil seines ursprünglichen Volumens komprimiert wurde.

Lorazepam: Medikament aus der Gruppe der Benzodiazepine mit beruhigender, angstlösender und schlaffördernder Wirkung.

Monoklonale Antikörper: Proteine, die wie ein »Schlüssel im Schloss« an einen bestimmten Abschnitt des Antigens, das sogenannte Epitop, binden und dessen Funktion blockieren. Monoklonale AK werden von einem einzigen B-Lymphozyten (Klon) gebildet, der sich unendlich teilt.

Mukoviszidose: angeborene Stoffwechselerkrankung, die vorwiegend die Lunge, die Bauchspeicheldrüse, Dünndarm und Leber schädigt. Ursache ist ein angeborener Defekt an Drüsenzellen, wodurch ein zäher Schleim gebildet wird.

M. Parkinson: Erkrankung des zentralen Nervensystems, die meist jenseits des 50. Lebensjahres auftritt. Symptome: Bewegungsstörungen, Bewegungsverlangsamung, Muskelsteife und starre Mimik.

Quellen[4]

3. März

Michel Eltchaninoff. In Putins Kopf: Logik und Willkür eines
   Autokraten, Tropen, Klett Cotta, 2022
   ISBN: 978-3-608-50182-7

Deutscher Bundestag. Wortprotokoll der Rede Wladimir Putins
   im Deutschen Bundestag am 25.09.2001
   https://www.bundestag.de/parlament/geschichte/gastredner/
   putin/putin_wort-244966

Wikipedia, 2022. Rorschachtest
   https://de.wikipedia.org/wiki/Rorschachtest

Katrin Eigendorf. Putins Krieg – Wie die Menschen in der
   Ukraine für unsere Freiheit kämpfen.
   E-Book ISBN: 978-3-10-491702-3

Paul Ekman. Gefühle lesen: Wie Sie Emotionen erkennen und
   richtig interpretieren. Springer 2016,
   ISBN: 978-3-662-53238-6

18. März

Rüdiger von Fritsch. Zeitenwende. Putins Krieg und die Folgen.
   Aufbau Verlag Berlin, Mai 2022.
   ISBN: 978-3-8412-3103-1

---

4 Disclaimer: Das Quellenverzeichnis enthält externe Links zu Websites
Dritter, auf deren Inhalt wir keinen Einfluss haben. Für die Inhalte der ver-
linkten Seiten ist der Betreiber verantwortlich.

Rede Selenskyj im deutschen Bundestag, 17.3.22
https://www.bundestag.de/dokumente/textarchiv/2022/
kw11-de-selenskyj-rede-deutsch-884872

1. April

Bundesakademie für Sicherheitspolitik, Gastbeitrag von
BAKS-Präsident Brose: Ende eines Sonderwegs,
Freitag, 18. März 2022
https://www.baks.bund.de/de/aktuelles/gastbeitrag-von-baks-
praesident-brose-ende-eines-sonderwegs

Statista, 2022. Vergleich der »Manpower« von Russland und der
Ukraine nach Personengruppen im Jahr 2022, Quelle: Global
Firepower
https://de.statista.com/statistik/daten/studie/1287031/
umfrage/truppenstaerke-von-russland-und-der-ukraine/

Statista, 2022. Vergleich der Militärstärke von NATO und
Russland im Jahr 2022, Quelle: Global Firepower
https://de.statista.com/statistik/daten/studie/379080/
umfrage/vergleich-des-militaers-der-nato-und-russlands/

Oliver Imhof, Fritz Schaap, Spiegel online 18.3.2022
Überraschende Wendung im Ukrainekrieg, Experten
sprechen vom David-gegen-Goliath-Szenario – und
»die Russen sind jetzt David«
https://www.spiegel.de/ausland/ukraine-experten-sprechen-
vom-david-gegen-goliath-szenario-und-die-russen-sind-
jetzt-david-a-3b82376d-8ebf-421b-aa87-ffe83f6eb5ba

ZDF heute Überblick: Diese Waffen liefert Deutschland der
Ukraine – ZDF heute 31.3.2022
https://www.zdf.de/nachrichten/politik/deutschland-
waffenlieferung-ukraine-krieg-russland-100.html

14. April

Andreas Kappeler. Kleine Geschichte der Ukraine. C.H.Beck, München, 8.Aufl. 2022, ISBN: 978-3-406-73558-5

Andreas Kappeler. Ungleiche Brüder (Beck Paperback) (German Edition) C.H.Beck. Kindle-Version. ISBN eBook: 978-3-406-71411-5

Timothy Snyder. Bloodlands. Europe Between Hitler and Stalin. Random House. Kindle-Version. ISBN: 978-1-407-07550-1

Vincent Hoyerer, Philologisch-Historische Fakultät Kunst- und Kulturgeschichte: Europäische Ethnologie / Volkskunde Universität Augsburg. Holocaust in der Ukraine https://www.uni-augsburg.de/de/fakultaet/philhist/professuren/kunst-und-kulturgeschichte/europaische-ethnologie-volkskunde/exkursionen/ukraine-lemberg-czernowitz/der-holocaust-der-ukraine/

Zentrum Liberale Moderne. Auf den Spuren von Terror und Gewalt. Ukraine verstehen. https://libmod.de/

Täglicher Lagebericht des RKI, 14.4.22 https://www.rki.de/DE/Content/InfAZ/N/Neuartiges_Coronavirus/Situationsberichte/Apr_2022/2022-04-14-de.pdf?__blob=publicationFile

Alice Schwarzer 7.7.2020 in EMMA, Wehrpflicht für alle. https://www.emma.de/artikel/wehrpflicht-fuer-alle-337929

Wikipedia, September 2022, Frauen im Militär https://de.wikipedia.org/wiki/Frauen_im_Milit%C3%A4r

29. April

Spiegel online 26.4.2022. Lawrow spricht von »echter Gefahr«
für Atomkrieg
https://www.spiegel.de/ausland/ukraine-news-am-montag-
kiew-meldet-neue-russische-angriffsversuche-richtung-
kramatorsk-a-d6ca3d2a-1d9b-4926-b6d9-6022fdbe3259

Wikipedia, 2022. Ramstein Air Base
https://de.wikipedia.org/wiki/Ramstein_Air_Base

News de. 13.4.22, Christine Lambrecht: Stöckelschuh-Auftritt
in Mali! Verteidigungsministerin missachtet Vorschriften
https://www.news.de/politik/856225623/
christine-lambrecht-mit-stoeckelschuhen-bei-bundeswehr-
besuch-in-mali-kritik-an-verteidigungsministerin-wegen-
falschem-schuhwerk/1/

NATO: Countering Strategic Maskirovka by Julian Lindley-
French, Mai 2015
https://d3n8a8pro7vhmx.cloudfront.net/cdfai/pages/543/
att achments/original/1432247421/NATO_Countering_
Strategic_Maskirovka.pdf?1432247421

Arianna Antezza et al. 1 Kiel Working Paper N0. 2218 | May 2022,
The Ukraine Support Tracker: Which countries help Ukraine
and how? Kiel Institute for the World Economy
https://www.ifw-kiel.de/topics/war-against-ukraine/
ukraine-support-tracker/

Statista, 2022. Anzahl der nuklearen Sprengköpfe weltweit
(Stand: Januar 2022)
https://de.statista.com/statistik/daten/studie/36401/
umfrage/anzahl-der-atomsprengkoepfe-weltweit

Wissen.de 2022, Welche Reichweite und welches Schaden-
ausmaß haben Atombomben?
https://www.wissen.de/welche-reichweite-und-welches-
schadenausmass-haben-atombomben

Nukemap by Alex Wellerstein 2012
https://nuclearsecrecy.com/nukemap/?&kt=1&lat=40.41738
43&lng=-3.7041521&airburst=0&hob_ft=0&casualties=1&fa
llout=1&fallout_angle=207&psi=20,5,1&zm=15

Michael Thumann, ZEIT-online 24.2.2022, Wladimir Putin:
Der Geschichtsvollzieher
https://www.zeit.de/2022/09/wladimir-putin-russland-westen-
geschichte-fernsehansprache

WELT, 21.7.2016 So verrückt war Kaiser Nero wirklich.
https://www.welt.de/geschichte/article157195001/
So-verrueckt-war-Kaiser-Nero-wirklich.html

9. Mai

Kellermann NP. Epigenetic transmission of Holocaust trauma:
can nightmares be inherited? Isr J Psychiatry Relat Sci.
2013;50(1):33-39.

Kizilhan JI, Noll-Hussong M, Wenzel T. Transgenerational
Transmission of Trauma across Three Generations of Alevi
Kurds. Int J Environ Res Public Health. 2021;19(1):81.
doi:10.3390/ijerph19010081

Landeszentrale für politische Bildung Baden-Württemberg
2022. Die Halbinsel Krim: Geschichte der Krim
https://www.lpb-bw.de/ukraine-krim

ZEIT online. Tag des Sieges: Wladimir Putins Ansprache zum
9. Mai
https://www.zeit.de/politik/ausland/2022-05/
putin-rede-befreiung

27. Mai

Inna Hartwich, Neue Züricher Zeitung 25.5.2022
Der Bischof in Putins Diensten: Patriarch Kirill war für den
russischen Geheimdienst tätig.
https://www.nzz.ch/feuilleton/putins-patriarch-kirill-predigt-
hass-im-namen-des-friedens-ld.1684986

Michael Zimmermann, Asien-Afrika-Institut der Universität
Hamburg, Buddhismus und Gewalt
https://www.buddhismuskunde.uni-hamburg.de/pdf/4-
publikationen/buddhismus-in-geschichte-und-gegenwart/
bd7-k05zimmermann.pdf

Michael Zimmermann, Asien-Afrika-Institut der Universität
Hamburg und Co-Direktor des Numata Zentrum für
Buddhismuskunde. War der Buddha Pazifist?
https://ethik-heute.org/war-der-buddha-pazifist/

Christian Caryl, Foreign Policy 23.4.2013.
Weren't Buddhists Supposed to Be Pacifists?
https://foreignpolicy.com/2013/04/23/
werent-buddhists-supposed-to-be-pacifists/

Wikipedia, 2022. Nosferatu-Spinne
https://de.wikipedia.org/wiki/Nosferatu-Spinne

Claudia Füßler, Planet Wissen, 22.7.2019. Arachnophobie:
   Die Angst vor Spinnen
   https://www.planet-wissen.de/natur/insekten_und_spinnen-
   tiere/spinnen/pwiearachnophobieangstvorspinnen100.html

Wolfram Weimer, WirtschaftsKurier, 25.2.2022
   Das Kriegs-Quintett - die fünf engsten Vertrauten Putins
   https://www.wirtschaftskurier.de/titelthema/artikel/
   das-kriegs-quintett-die-fuenf-engsten-vertrauten-
   putins-12165.html

17. Juni

Deutsche Forschungsgemeinschaft. Ranking der Länder anhand
   der Demokratiequalität
   https://www.demokratiematrix.de/ranking

Bundeszentrale für Politische Bildung. Das Trugbild vom
   Durchbruch zum Rechtsstaat – Justizreform nach der
   Revolution der Würde...
   https://www.bpb.de/themen/europa/ukraine/315519/analyse

Global Gender Gap Report 2021
   https://www.weforum.org/reports/
   global-gender-gap-report-2021

NTV, 9.5.22. EU-Beitritt erst in Jahrzehnten. Macron dämpft
   Hoffnungen der Ukraine drastisch
   https://www.n-tv.de/politik/Macron-daempft-Hoffnungen-
   der-Ukraine-drastisch-article23320488.html

Schmotz, A. (2015). Hybride Regime. In: Kollmorgen, R., Merkel,
   W., Wagener, HJ. (eds) Handbuch Transformationsforschung.
   Springer VS, Wiesbaden.
   https://doi.org/10.1007/978-3-658-05348-2_44

World Justice Project Rule of Law Index® 2020
https://worldjusticeproject.org/sites/default/files/
documents/WJP-ROLI-2020-Online_0.pdf

Bundesministeriums der Justiz. Grundgesetz für die Bundes-
republik Deutschland, 28.6.2022
https://www.gesetze-im-internet.de/gg/BJNR000010949.html

Die Bundesregierung 2022. Bedingungen für den Beitritt zur
Europäischen Union
https://www.bundesregierung.de/breg-de/themen/europa/
bedingungen-fuer-den-beitritt-zur-europaeischen-union-
434536

11. Juli

Macedonia, Manuela. Beweg dich! Und dein Gehirn sagt Danke:
Wie wir schlauer werden, besser denken und uns vor Demenz
schützen (German Edition), Christian Brandstätter Verlag.
ISBN: 978-3-71060260-3

Schenk M. Kognitionsstörungen durch Medikamente: Verwirrt
und vergesslich, aber nicht dement
Dtsch Arztebl 2018; 115(44): A-2002 / B-1672 / C-1658

PraktischArzt Ratgeber 2020. 16:8 Intervallfasten Diät: Gesund
abnehmen mit Plan
https://www.praktischarzt.de/
ratgeber/16-8-intervallfasten-diaet/

Gala, 11.7.2022 Franca Lehfeldt. Das haben ihre drei Brautlooks
gekostet
https://www.gala.de/beauty-fashion/fashion/franca-lehfeldt-
-kosten--marken--schnitt---ihre-drei-brautlooks-im-detail-
22887086.html

Wissenschaftliche Dienste Deutscher Bundestag © 2022 WD 5-3000-005/22 Gestehungskosten von Strom im Vergleich https://www.bundestag.de/resource/blob/887090/1867659c1 d4edcc0e32cb093ab073767/WD-5-005-22-pdf-data.pdf

Oda Becker, Adhipati Y. Indradiningrat (im Auftrag des BUND, 2018) Atomstrom 2018: Sicher, sauber, alles im Griff? Aktuelle Probleme und Gefahren bei deutschen Atomkraftwerken. https://www.bund.net/fileadmin/user_upload_bund/ publikationen/atomkraft/atomkraft_studie_atomstrom_ sicherheit.pdf#page=52

Statista, 2022. Ausstoß von CO2-Emissionen durch Stromkraftwerke nach Kraftwerktyp (in Gramm pro Kilowattstunde) Quelle: Öko-Institut, Freiburg https://de.statista.com/statistik/daten/studie/38910/ umfrage/hoehe-der-co2-emissionen-nach-kraftwerk/

Gaukler P., Sean Barnett D., Rosinski D.J. Nuclear Energy and Terrorism Natural Resources & Environment, NR&E Winter 2002 https://www.pillsburylaw.com/images/content/1/4/v2/1407/ 0BBAF821AEBCF04BE2DE3F25BE62FA6C.pdf

Bundesministerium für Umwelt, Naturschutz, nukleare Sicherheit und Verbraucherschutz. Fragen und Antworten zur AKW-Laufzeitverlängerung https://www.bmuv.de/themen/atomenergie-strahlenschutz/ nukleare-sicherheit/faq-akw-laufzeitverlaengerung

Nadja Podbrega, Scinexx das Wissensmagazin, Sept. 2022, Der große Blackout. Wie real ist die Gefahr eines großen Stromausfalls? https://www.scinexx.de/service/dossier_print_all.php? dossierID=260736

Reaktor-Sicherheitskommission RSK/ESK (524. Sitzung am
    20.10.2021), Zusammenfassende Stellungnahme der RSK zu
    zivilisatorischen Einwirkungen, Flugzeugabsturz.
    https://www.rskonline.de/de

Wikipedia, Mai 2022. Stuxnet
    https://de.wikipedia.org/wiki/Stuxnet

Wikipedia, Oktober 2021. Abaqus.
    https://de.wikipedia.org/wiki/Abaqus

19. August

Statista, September 2022. Quelle: ZDF Politbarometer.
    Wird die Ukraine den Krieg gegen Russland gewinnen?
    https://de.statista.com/statistik/daten/studie/1315117/
    umfrage/umfrage-zum-ausgang-des-ukraine-kriegs/

Spiegel online, 19.8.2022, Offener Brief an den Kanzler:
    Handwerker aus Sachsen-Anhalt verlangen Ende der
    Russlandsanktionen
    https://www.spiegel.de/wirtschaft/unternehmen/
    brief-an-kanzler-olaf-scholz-handwerker-fordern-ende-der-
    russland-sanktionen-a-da4c662a-cf9f-474a-bcdd-
    a21c02af34c1

Pressemitteilung Bundesministerium für Verteidigung
    19.9.2022
    Deutsch-Griechischer Ringtausch kommt voran
    https://www.bmvg.de/de/presse/
    deutsch-griechischer-ringtausch-kommt-voran-5499012

Wikipedia, September 2022. Liste von Kettenfahrzeugen der
    Bundeswehr
    https://de.wikipedia.org/wiki/
    Liste_von_Kettenfahrzeugen_der_Bundeswehr#Kampfpanzer

12. Oktober

Spiegel online 10.10.2022. AKW-Debatte. Warum FDP und
Union plötzlich Greta Thunberg feiern
https://www.spiegel.de/politik/deutschland/
greta-thunberg-ueber-atomkraftwerke-ploetzlich-wird-sie-
von-fdp-und-cdu-abgefeiert-a-8f36a420-64f6-430b-bedb-
74e40df5841c

Landeszentrale für Politische Bildung, Chronik des Ukraine-
konfliktes ab Februar 2022
https://www.lpb-bw.de/chronik-ukrainekonflikt

RND, 09.10.2022, Explosion auf Krim-Brücke: Zugverkehr läuft
laut russischen Behörden wieder nach Plan
https://www.rnd.de/politik/krim-bruecke-zugverkehr-nach-
explosion-und-feuer-laut-behoerden-wieder-planmaessig-
SUQGIUHMGVEQ4AAR7LSZOCHWE.html

Spiegel Wissenschaft 14.10.2016,
Das All hat zehnmal so viele Galaxien wie gedacht
https://www.spiegel.de/wissenschaft/weltall/hubble-teleskop-
900-milliarden-galaxien-mehr-als-gedacht-a-1116594.html

Annette Huesmann. Buchgenres kompakt. Handbuch der
Genres von Actionthriller bis Zeitgeschehen.
BoD – Books on Demand; 2. Edition (14. Mai 2019)
978-3-748-1451-10

In der Hölle einer zukünftigen Pandemie:
Machtgier, Seelenblindheit – und die Kraft der Liebe!

Irgendwann in den 2030-er Jahren: Nun rächt sich, dass von vielen ignoriert wurde, was für alle zu sehen war: soziale Kälte, heißes Wetter, politische Skrupellosigkeit und eine neue Pandemie.

Der Roman zeigt eine hilflose Gesellschaft am Rande des Abgrundes, aber auch die Kraft der Liebe in Krisenzeiten und was Frauen zu deren Bewältigung befähigt.

Mit Illustrationen von Daniel Horowitz

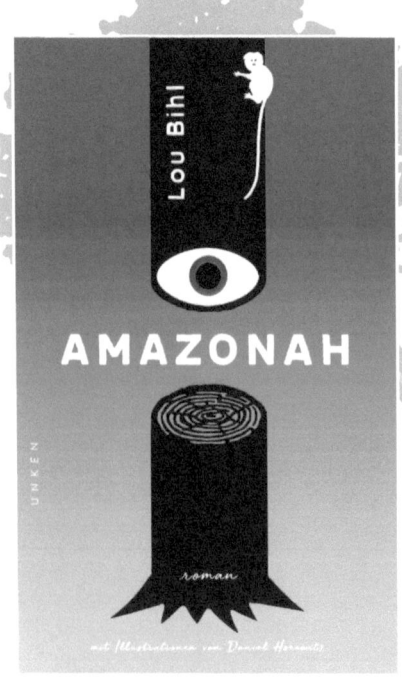

Gleich reinlesen!

Gebunden, 440 Seiten, € 22
Auch als E-Book erhältlich.

Lou Bihl: Amazonah
ISBN 978-3-949286-07-0